智慧旅游管理理论与实践

申健健 李 宁 著

吉林出版集团股份有限公司
全国百佳图书出版单位

图书在版编目(CIP)数据

智慧旅游管理理论与实践／申健健，李宁著．--长春：吉林出版集团股份有限公司，2023.10

ISBN 978-7-5731-3860-6

Ⅰ．①智… Ⅱ．①申… ②李… Ⅲ．①智能技术-应用-旅游业-研究 Ⅳ．①F59-39

中国国家版本馆 CIP 数据核字(2023)第 132740 号

ZHIHUI LÜYOU GUANLI LILUN YU SHIJIAN

智慧旅游管理理论与实践

著　　者	申健健　李　宁
责任编辑	孙　璘
出　　版	吉林出版集团股份有限公司
发　　行	吉林出版集团青少年书刊发行有限公司
地　　址	吉林省长春市福祉大路 5788 号
邮政编码	130118
电　　话	0431-81629808
印　　刷	长春市华远印务有限公司
版　　次	2023 年 10 月第 1 版
印　　次	2024 年 1 月第 1 次印刷
开　　本	710 mm×1000 mm　1/16
印　　张	11
字　　数	115 千字
书　　号	ISBN 978-7-5731-3860-6
定　　价	78.00 元

版权所有　翻印必究

目 录

第一章 智慧旅游概述 ………………………………………………… 1
  第一节 智慧旅游基础理论 ………………………………………… 1
  第二节 智慧旅游的特点和价值 …………………………………… 12

第二章 智慧旅游发展建设 …………………………………………… 29
  第一节 我国智慧旅游的发展概况 ………………………………… 29
  第二节 智慧旅游的建设对象和支撑体系 ………………………… 44

第三章 智慧旅游管理 ………………………………………………… 50
  第一节 智慧旅游管理的必要性 …………………………………… 50
  第二节 智慧旅游管理的机遇和挑战 ……………………………… 51
  第三节 智慧旅游管理的发展途径 ………………………………… 56

第四章 以人为本的智慧景区管理 …………………………………… 61
  第一节 智慧景区管理体系 ………………………………………… 61
  第二节 智慧景区以人为本管理理念的具体实践 ………………… 65

第五章 智慧旅游背景下旅游管理人才培养实践 …………………… 77
  第一节 智慧旅游对人才的要求 …………………………………… 77
  第二节 旅游管理专业人才培养中的问题 ………………………… 79
  第三节 智慧旅游人才培养策略 …………………………………… 82

第六章　智慧旅游管理平台 ·· 86
第一节　智慧旅游管理平台概述 ································· 86
第二节　智慧旅游管理平台的设计与构建 ······················ 89

第七章　智慧旅游公共服务 ·· 101
第一节　智慧旅游公共服务概述 ································ 101
第二节　智慧旅游公共服务发展的原则和问题 ················ 106
第三节　智慧旅游公共服务发展实践 ··························· 109

第八章　智慧旅游背景下旅游体验提升实践 ···················· 121
第一节　体验与旅游体验 ··· 121
第二节　智慧旅游与旅游体验的关系 ··························· 141
第三节　智慧旅游背景下提升旅游体验的策略 ················ 143

第九章　智慧旅游城市的打造 ····································· 148
第一节　智慧旅游城市概述 ······································ 148
第二节　智慧旅游城市建设研究 ································ 155
第三节　智慧旅游城市发展措施 ································ 163

参考文献 ·· 166

第一章 智慧旅游概述

随着科学技术的不断创新与发展、智能技术在全球的迅速兴起,人类社会正从信息时代步入智能时代。以云计算、物联网、5G 通信技术、人工智能等应用技术为代表的新一轮技术革命的到来,客观上催生了客源市场对旅游信息化更高层次的需求,也为旅游业与信息技术产业的融合发展提供了基础和契机。

第一节 智慧旅游基础理论

一、智慧旅游的定义

(一)智慧

智慧一指聪明才智,二指智力。我国文化典籍《孟子》一书就出现了"智慧"一词,这里的"智慧"是聪明才智的意思。另外,智慧也意为已经超越世俗认知,达到掌握真理的能力。"智慧旅游"一词中,所谓的智慧有智慧化的含义,其意为更加精细、更富动态的管理方式,倡导应用、用户以及整个旅游产业链的升级。

(二)智慧旅游

智慧旅游也称智能旅游,其概念源于智慧地球与智慧城市,它不仅是智慧城市极为重要的组成部分，还能依靠其部分功能来完善智慧城市建设，同时，智慧城市的发展成果还能反作用于智慧旅游，使得旅游的智慧功能得到更好的体现。不过，智慧旅游和智慧城市体系下的旅游是两个不同的概念，智慧旅游不仅可以在城市实现，还可以在广阔的城市周边，远离城市的山村乡野，森林草原，也都能实现。智慧旅游是近些年才出现的新名词，属于新生事物，对其研究只是在起步阶段，对其概念的阐述还不够完整。

二、智慧旅游的内涵

（一）以服务游客为核心

对游客而言，智慧旅游就是利用云计算、物联网等新技术，通过互联网，借助便携的上网终端等感知体系，达到旅游前、旅游中、旅游后都能主动感知旅游资源、旅游经济、旅游活动等方面的信息，提升游客在食、住、行、游、购、娱各个旅游环节中的附加值，为游客带来超出预期的完美旅游体验方式。

对相关部门和旅游企业等旅游管理者来说，智慧旅游就是利用智能识别、移动计算、信息融合、云计算等信息技术，通过构建旅游服务平台，实现全面、透彻、精准、便捷和无处不在的旅游信息应用，为游客提供餐饮、交通、住宿、旅游、购物等全方位的旅游信息服务，提高管理效率。

智慧旅游以科学的信息组织和呈现形式让游客方便、快捷地获取旅游信息，帮助游客更好地安排旅游计划，并形成旅游决策。游客通过网络可以了解到旅游目的地实时状况，并规划旅游的路线，预订酒店、机票、车票等。在出发之前对旅行有了大致的了解，将大部分事情安排好，能减少旅行中的不确定性以及寻找游玩、交通、食宿等方面的不便。在旅行过程中，游客可以随时了解下一个目的地的天气及客流量等情况，以决定是否更换景点，改变行程，使旅游变得更加愉快。例如：游客可以在景区通过计算机、手机或者安放在酒店的触摸屏等终端，了解景区实时情况；可以通过查询、拖动景区分布图，点击某个景区，关注景区景点的概况、有关景点的详细信息，如地址、联系电话、开放时间、门票价格、周边景点、交通、自驾指南等。

另外，智慧旅游还能给游客带来更好的旅游安全保障，通过虚拟旅游能够给游客带来不一样的旅游体验。

（二）依赖基础设施现代化、数据融合和信息共享

智慧旅游是指充分运用物联网、云计算、移动通信、人工智能等新一代信息技术手段，创新旅游服务、营销和管理理念，充分配置和整合人、旅游物理资源、信息和资金等旅游产业资源，服务于公众、企业和相关部门，从而形成高效、可持续发展的旅游生态系统。

智慧旅游通过物联网等技术，实现动态采集海量的旅游数据，通过网络的全面互联，实现信息的高效汇聚、处理、分析、共享。通过对数据的统计和智能分析，可以实现旅游行业管理的智能化、精细化；通过数据对游客信用进行评估、对服务企业进行评价，提高行业监管水平；通过数据的共享和应用协同，有效配置资源，提高快速响应和应急处理能力；通过专家系统和数据挖掘，对旅游资源保护、产品定价或旅游行

业政策进行模拟测试，实现科学决策。

三、智慧旅游的功能层次

（一）物联网感知层

物联网感知层是智慧旅游神经末梢层，通过条码、射频识别技术（RFID）、智能终端、传感器、传感网络、遥感技术（RS）、全球定位系统（GPS）终端、摄像头视频采集终端、地感线圈或微波交通流量监测等信息采集技术与设备，对旅游基础设施、资源、环境、建筑、安全方面进行识别、信息采集、监测和控制。通过网络传输互联，进行计算、处理和知识挖掘，实现人与物、物与物的信息交互和无缝链接，达到对现实世界实时控制、精确管理和科学决策的目的。物联网感知层是智慧旅游体系中的神经末梢，是智慧旅游的感知器官，它通过应用物联网条码二维码识别终端、射频识别、红外感应器、全球定位系统、激光扫描器、摄像头、遥测遥感等传感设备和技术，按约定的协议把各类物品和互联网连接起来，实时采集旅游活动中各旅游活动对象的基本信息，为智慧旅游应用提供精准、有效的信息处理和相关决策依据。智慧旅游系统需要感知具备层各种各样的感知技术和传输技术，实现人与人、人与机器、机器与机器的互联互通，实现人、物以及相互之间的协同感知和信息采集，满足智慧旅游系统应用多样性、复杂性的要求。

1. 感知方式

根据不同的信息类型和感知节点的特点，智慧旅游感知方式主要分为4类。

(1) 身份感知

通过条码、RFID、智能卡、信息终端等,对感知对象的地址、身份及静态特征等进行标识处理。

(2) 位置感知

利用定位系统或无线传感网络技术,对感知对象的绝对位置和相对位置进行感知处理。

(3) 多媒体感知

通过录音和摄像头等声频、视频采集设备,对感知对象的表征及运动状态进行感知处理。

(4) 状态感知

利用各种传感器及传感网,对感知对象的状态(如温度、湿度等)等进行动态感知。

2. 感知技术

物联网感知层技术包括资源寻址电子产品编码(EPC)技术、RFID技术、传感器、无线传感网络技术等。

第一,资源寻址EPC技术和RFID技术。EPC技术的最终目标是为每一个商品建立全球的、开放的编码标准,它统一了对世界范围内的商品标识编码的规则,并通过应用于RFID系统中,联合网络技术而组成了EPC系统。EPC条形码将宽度不等的多个黑条和空白图形标识,按照一定的编码规则排列,用来表达信息。条码分成一维条码和二维码,通过相应的扫描设备把其中的信息输入计算机处理。RFID技术,是一种非接触式自动识别技术,它利用射频信号,实现对目标对象的自动识别并获取相关数据。RFID是物联网关键技术之一，由于物联网需要感知各种物体，而RFID这种非接触式自动识别技术的出现很好地解决了这一问题，成为物品识别的有效方式之一。

第二，传感器和传感网络。传感器是智慧旅游感知层获取信息的主要设备之一，主要包括温度传感器、压力传感器、湿度传感器、光传感器、霍尔磁性传感器、微机电传感器等。无线传感器网络（WSN）是由大量传感器节点通过无线通信方式，感知、采集、传输和集成处理网络覆盖区域中的感知对象信息，包括温度、湿度、压力、速度等物理现象的网络。

第三，智能终端和多媒体信息采集。智能终端包括智能手机、平板电脑、手持终端、一体式终端、智能电视等；多媒体信息接入主要指通过声频、视频等各种多媒体设备的信息采集，如各种摄像机、话筒等。

（二）网络通信层

网络通信层是智慧旅游系统的通信层，是在现有有线通信网的基础上，实现与互联网/移动互联网、5G无线宽带通信网、泛在网络及三网融合的结合，将感知层采集的信息实时、准确地进行传输、汇总，实现旅游数据信息更为高效的互联互通。

网络层所涉及的技术包括IP宽带城域网、无线宽带通信网、三网融合及泛在网络等。

1. IP宽带城域网

IP宽带城域网是覆盖整个城市区域的宽带网络，从当前网络通信技术的发展趋势来看，多网络融合是不可改变的发展方向，IP技术将作为下一代通信网络的主要依靠技术，IP城域网将成为各种通信领域的统一汇聚平台。

2. 无线宽带通信网

无线宽带通信网主要包括5G移动通信系统、Wi-Fi宽带无线接入网以及数字集群网络、移动卫星通信网络、短波通信网络、专业无线通信网络等。目前利用宽带移动通信和无线局域网等宽带无线接入技术，已经可以确保全部公共场合、主要道路、景区内部的无线网络覆盖，实现游客在景区内任何地点、任何时间、任何情况下都能连接上高品质的无线宽带网络，保障旅游过程中移动终端和移动应用的顺利运作。

3. 三网融合

三网融合是指数字通信网、电信网、广播电视网三大网络相互连接、相互渗透、相互兼容，通过技术手段逐步整合成一个统一的通信网络平台，实现三大网络高层业务应用的融合互通，为用户提供包括语音、广播、电视、数据等综合业务。

4. 泛在网络

泛在网络是基于个人和社会的需求，实现人与物、物与物、人与人之间按需进行的信息获取、存储、传递、决策、认知、使用等服务，网络具有超强的环境感知、内容感知及智能性，为用户提供泛在的、无所不含的信息服务和应用。

(三) 数据中心层

数据中心层是智慧旅游建设的核心内容，通过利用云计算、模糊识别等各种智能计算技术，对海量的数据和信息进行分类存储和处理分析，实现智慧旅游信息资源的聚合、共享、共用，并为各类智慧应用提供数据基础和服务支撑。

1. 数据资源

智慧旅游数据资源包括旅游基础信息资源、共享交换信息资源、应用领域信息资源、互联网信息资源等。

第一，旅游基础信息资源。整合现有信息资源来集中建设智慧旅游基础数据库，将现有分散在各部门及各行业的数据，如RS（遥感）数据、GIS（地理信息系统）数据、GPS（全球定位系统）数据、视频录像类多媒体数据，以及各相关业务信息数据，按照以对象为中心的原则进行整合、组织和利用，发挥数据资源的整体优势。

第二，共享交换信息资源。以基础数据库对象为主线，采用逻辑集中、物理分散的方式，利用数据共享交换平台统一数据标准并建设信息资源目录，从而实现各部门和各行业业务数据的互联互通。

第三，应用领域信息资源。建设智慧旅游各类业务数据库，能够为各种行业应用提供一致性和权威性高的数据来源，也可以提供面向政府、企业和游客的全方位、实时更新的基础信息服务。

第四，互联网信息资源。互联网覆盖了整个智慧旅游大信息平台，支持对互联网承载信息高度智能化的整合处理，从而实现对资源的充分利用。

2. 数据融合

智慧旅游要实现"智慧"运作，需要对分布的海量数据进行汇聚、处理、分析，从信息和管理方面保证数据访问、使用、交换、传输的安全性和可靠性，进一步对数据进行挖掘分析。数据融合，是对数据资源的进一步处理和应用，包括海量数据汇聚与存储、数据融合与处理和智能挖掘分析等多个方面。

第一，海量数据汇聚与存储。智慧旅游要实现"智慧"运作，需要对分布着的海量数据进行汇聚、处理和分析。因此，整个智慧旅游平台的数据系统必须能够高效地汇聚与存储大量的数据，要保证数据访问、使用交换、传输的安全性、可靠性和完整性。

第二，数据融合与处理。对各种信息源给出的有用信息进行采集、传输、综合、过滤、相关及合成，处理和协调多信息源、多平台和多用户系统的数据信息，保证数据处理系统各单元与汇集中心间的连通性与及时通信。

第三，智能挖掘分析。对各种类型旅游系统数据进行自动分析、自动分类、自动汇总、自动发现和描述数据中的趋势、标记异常等，从而将获取的有用信息和知识应用于相关领域。

第四，虚拟数据视图。一个主体拥有的完整数据（信息）的总集合，虚拟数据视图可以从不同的角度提取信息的子集，构成主体虚拟世界的数字化映象，能够逐层构建出其他更加丰富的应用。这些应用可以从不同的角度来进行分类和构建，如围绕时间维度的应用、围绕空间维度的应用和围绕不同实体维度的应用等。

3. 服务融合

通过面向服务的体系结构或面向服务的架构和云计算技术（将传统的数据中心的不同架构、不同品牌、不同型号的服务器进行整合，通过云操作系统的调度，向应用系统提供一个统一的运行支撑平台），实现硬件资源的统一整合和管理，实现资源的按需配置、快速配置，进行资源和服务的封装管理，为构建上层各类智慧旅游应用提供统一的支撑平台，从而为旅游企业、游客提供丰富的旅游产品和创意平台。

（四）智慧旅游融合应用层

应用是智慧旅游建设的出发点和落脚点，智慧旅游融合应用层是智慧旅游建设的重点。在物联网感知层、网络通信层、数据中心层的基础上，提供各种直接面向游客、旅游企业、政府管理部门的智慧管理、智慧服务、智慧营销应用系统。用户可以通过互联网个人电脑（PC）端口、移动无线应用协议端、交互式网络电视等直接接入智慧旅游融合应用层，实现智慧旅游。

1. 面向游客

游客是旅游活动中的主体，游客通过多种方式接入智慧旅游平台，实现与网络实时互动，享受全方位的、诚信的旅游服务，面向游客的应用主要包括移动终端应用和目的地网站应用、虚拟旅游应用等。移动终端和目的地网站应用包括：为游客提供住宿、餐饮、购物行业和娱乐场所的资讯信息查询与订购服务；列车时刻表及车票查询订购，航班时刻表及实时票价查询订购，市区公交、地铁换乘车站，驾车路线信息服务；电子门票购票、验票服务；定位、导航、导览服务、呼叫中心、报警求助服务，互动社交、医疗安防等配套保障信息服务，网上金融、手机支付服务，视频访问及LED资讯发布等旅游信息服务。

虚拟旅游应用使游客超越时空的限制，获得最佳的旅游体验。一方面游客可以足不出户地在三维立体的虚拟环境中游览远在千里之外的、不同时间季节的最美山水风光及形象逼真、细致、生动的人文馆藏；另一方面，游客可以通过虚拟现实，流转时空，回到历史，去体验和感受历史事件、不再存世的文物及伟大人文自然景观。

2. 面向企业

企业为游客提供资源信息和相关服务，同时也接受政府部门的监督管理。智慧旅游建设将借助云计算平台，聚合IT资源与存储、计算能力，形成区域范围内的虚拟资源地，实现旅游企业信息化的集约建设、按需服务。面向企业的智慧旅游应用系统主要包括智慧景区系统、智慧酒店系统、智慧旅行社系统及智慧营销系统等。智慧旅游通过供应链、企业资源管理、在线营销、在线预订等专业化服务系统，为旅游企业提供基于网络共享的软、硬件环境和按需使用的应用服务，能有效降低中、小企业利用信息化开展经营活动的资源和技术壁垒，提升旅游信息化应用与服务效率。智慧旅游帮助旅游企业在传统旅游营销的基础上，通过渠道创新、方法创新和技术创新，建立在线网络营销体系，充分利用和挖掘电子商务在旅游业中的应用潜能，全面提升旅游营销的效率和效果，更好地达到推广旅游资源、销售旅游产品的目的。

3. 面向管理部门

旅游管理部门具有经济调节、市场监管、公共服务和社会管理的职能。面向管理部门的智慧旅游应用主要包括旅游云服务平台、旅游应急指挥平台、行业监管行政管理平台、游客流量监测与统计系统、旅游统计分析系统、旅游监控调度系统、舆情预报救援系统、旅游诚信管理系统、旅游团队服务系统、旅游行业联盟系统等。智慧旅游信息云服务平台就是通过整合旅游景点、酒店、旅行社等海量旅游信息资源，并通过物联网、互联网、通信平台、运营商的支持和多种尖端信息技术的汇聚及应用而构建的综合性旅游信息云服务平台。旅游应急指挥平台是为了保证在发生突发、危险、紧急事件状态下的旅游应急指挥服务。智慧旅游的建设将进一步推进旅游电子政务建设，提高各级旅游管理部门的办公自动化水平，提高行政效率，降低行政成本；为公众提供畅通的旅游投诉和评价反馈的渠道，强化对旅游市场的运行监管，提升对旅游市场主体的服务和管理能力；实现对自然资源、文物资源的监控保护和智能化管理，提高旅游管理宏观决策的有效性和科学性。

第二节　智慧旅游的特点和价值

一、智慧旅游的特点

（一）信息化

信息是智慧旅游发展的基础，也是旅游活动、旅游开发、旅游经济、旅游管理的重要因素。在旅游活动开始之前，游客需要了解旅游目的地的各种相关信息，包括价格信息、景点信息、交通信息以及其他旅游相关信息；在旅游活动进行之中，旅游管理部门通过对游客消费特征的调查统计，对相关信息的运用，来实现旅游市场的管理；在旅游景区开发之前，需要对旅游资源等各类资源进行调查，从而在信息充分的基础上实现旅游资源开发。信息获取和应用涉及旅游发展的各个层面，因此，智慧旅游的发展是对行业内外相关信息的充分整合与运用。

（二）智能化

智能化是智慧旅游的重要体现，没有智能化，智慧旅游也就无从谈起。智能化体现在方方面面，如对旅游资源的开发、对旅游信息的获取、旅游活动的开展、旅游市场的管理等。通过信息技术和智能设备的使用，能够实现智能化服务与管理。在服务端，智能化实现数据统计、信息集成，在使用端则方便主体使用。

（三）专业化

专业化是智慧旅游的要求，智慧旅游与智慧城市和智慧地球不同，其范围更小，相对而言，其专业性也更突出。具体而言：一是专注，即针对游客、旅游运营商和旅游管理方的需求，设立单独的开发部门，开发单独的设备，满足旅游活动、旅游运营和旅游管理的需求；二是专业，实现旅游人才与技术人才的有机结合，进行专业化操作；三是专攻，对旅游中存在的专业性和管理性难题，进行专项攻克，实现旅游业的畅通发展。

（四）全面化

智慧旅游的发展应用应是全方位、多层次和宽领域的。智慧旅游应在旅游业的规划与开发、旅游项目的发展运营、旅游活动的开展中实现全方位的应用。无论是高端旅游还是大众旅游，无论是发达地区的旅游还是欠发达地区的旅游，无论是大型区域间的旅游还是小型的目的地旅游都应当逐步向智慧旅游转变，此为智慧旅游的多层次应用。智慧化体现在旅游的各项要素中，比如智慧酒店、智慧餐饮、智慧旅行社、智慧旅游景区和智慧基础设施的建设，此为智慧旅游的宽领域应用。只有实现全面信息化、全面建立、全面共享，保证旅游消费智能化、旅游供给智能化、旅游管理智能化，才能实现智慧旅游的全面发展。

（五）互联化

智慧旅游的互联化是将各个孤立的要素与其他要素进行有机整合，从而有效避免"信息孤岛"现象的发生。首先，设施互联互通。矗立在街头的显示屏、景区的触摸屏等不是单独存在的，而是一个信息统一、节点分散的网络终端，不同地点的游客可以通过分散的终端获得相同的信息。其次，要素联动。游客来到旅游目的地后，不仅要旅游，同时还要住宿、娱乐等。智慧旅游将这些信息进行集成，游客可以一站式获得各类信息和服务，从而实现信息的有效获取。再次，管理联动。通过对旅游资源、游客、基础设施等的管理，实现互联互通，提高管理效率。最后，区域互联互通。不同的区域在发展旅游上相互支持、相互依托，实现区域互联互通，既有利于开发新的旅游产品，又可以节约成本，从而进行综合性的市场管理和运作。

（六）便捷化

便捷是智慧的体现，也是人们对智慧的要求。便捷的旅游服务体系能够赢得游客的信赖，刺激旅游消费，缓解游客的紧张心理。首先，使用便捷。这就需要旅游服务体系体现以人为本的理念，最大限度地方便人们使用。其次，设施便捷。便捷的设施体系能够便于人们获取旅游信息。最后，技术便捷。应做到当不同文化程度的人们在使用同一种设备时，不应有知识上的差错，应避免误会的产生，使得这种服务能够为绝大多数人所获取，这是便捷的直接体现。

（七）泛在化

泛在化指的是能够突破时空的限制或者无处不在。其含义是网络全面融入人们的生活之中，无所不在地为人们提供各种各样的服务。计算不再局限于桌面，用户可以通过手持移动设备、可穿戴设备或者其他常规、非常规的计算设备，无障碍地享用计算能力和信息资源。游客个体可以在任何时间、任何地点，通过任何媒介获取旅游信息服务，这种服务的实现主要是依托于云计算平台、泛在计算、移动互联网等技术。

整体而言，和传统旅游相比，智慧旅游改变了旅游信息服务的群体化供给方式——面向终端游客需求的各种系统和平台的有机整合和高效协同；提供多层面、多形式、多载体的旅游信息服务。颠覆性的旅游信息服务提供方式，多属性的旅游信息在多空间、多维度、多时空、多媒介的展现，使游客体验发生重大改变。

二、智慧旅游的价值

（一）主体功能价值

1. 社会功能价值

（1）资源整合

智慧旅游的发展建设，不是单一资源的利用，而是各类资源的有机整合，其在发展过程中，也会对社会资源进行整合。智慧旅游是一个庞大的系统，其中涵盖了较多的资源要素。就旅游企业而言，包括技术资源、市场资源、人力资源等；就公共供给而言，主要有土地资源、媒体资源、信息资源等。对各类资源进行优化整合，促进资源的充分利用，从而实现智慧旅游功能的集成发展，这是智慧旅游社会功能的主要体现。

（2）公共服务

如果说旅游企业开展智慧旅游经营管理活动是出于自身利益最大化的考虑，那么政府构建智慧旅游体系的出发点则是提供公共服务。智慧旅游的建立，能够为公众提供各类服务，如城市交通诱导系统、安全事故预警系统等。这些信息服务与其说是为游客提供的，不如说是为社会公众提供的，因为这种服务已经不单纯是游客所需要的，而是社会公众都需要获得的。为社会公众提供服务，一方面是发展旅游的需要，另一方面也是构建服务型政府的重要体现。

（3）应急救援

在旅游过程中，抑或发生公共危机时，为公众提供救援是智慧旅游的功能体现。在危机发生后，处于危机中的人能够通过智能终端设备，将自身所处的危急情况发布出来，让人们了解，这体现的是智慧旅游的信息接收功能；在接收信息后，通过广阔的网络覆盖，及时地将这些信息传达给有关部门，从而迅速采取行动，及时化解危机，这体现的是智慧旅游的联动功能；同时，当危急情况出现时，通过智慧旅游体系，及时地将相关信息扩散给最广大的社会公众，这体现的是智慧旅游的扩散功能。因此，通过接收、联动和扩散，实现智慧旅游的应急救援功能。最重要的是，通过畅通的智慧旅游系统，能够及时地传递旅游信息，可以起到事故防范、安全预警等作用，从而减少事故的发生。有学者对智能旅游灾害预警与灾害救助平台的构建与应用进行了研究，认为智能旅游系统及其灾害预警与灾害救助平台，能及时发布旅游气象灾害、地质灾害等方面的信息，对旅游防灾意识宣传、旅游灾害监测、旅游灾害预防与提醒以及旅游灾害救助都具有十分重要的意义。

(4) 社会治理

智慧旅游实现其社会治理的功能，主要体现在其惩恶扬善的公开性。智慧旅游是一个信息发布的渠道，更是信息共享的载体，人们通过智慧旅游体系可以获得信息，而主管部门通过法治和德治的方法，利用智慧旅游系统，能够将社会中的尤其是旅游活动和旅游经营中的优良和不良现象公之于众，使人们明确社会主义道德观和法律观，从而自觉规范自身行为，有利于促进社会管理。

2. 经济价值

就经济发展形势而言，智慧旅游的发展将推动旅游市场由线下向线下线上相结合的模式转化。传统的线下经营模式中，个人或组织想进行旅游消费，须前往旅行社、旅游酒店或旅游目的地现场进行购买。在购买之前，游客不能充分获得旅游消费的相关信息，因而，市场运行不够透明；同时，人们到消费场所进行现场购买，在购买时获得相应的信息，之后再进行消费决策，而这种消费决策通常并不能达到最优。人们花费较多的时间、精力和金钱来进行旅游消费，结果却消费不畅且极不便捷，这在某种程度上抑制了旅游需求。因为在获取信息或者购买困难的情况下，人们可以不进行旅游消费或以其他的消费方式予以替代。智慧旅游的出现，推动了旅游信息化的发展，使得线上旅游业务和旅游电子商务的发展进一步趋于大众化和平民化，人们易于获取准确、全面的旅游信息，同时又便于进行网上支付，消费的便利化使得旅游近在身边。由此可见，线上与线下的融合发展，将推动旅游业的发展进步。

就经济发展效益而言，智慧旅游的发展能够产生明显的经济效益。从短期来看，智慧旅游发展中投资的增加使得政府和企业的成本增加，然而，从长远发展来看，这种短期追加的固定资本将会转化为长期收益，并且这种短期投入的固定资本远比长期发展中各类成本的总和要小得多。例如，智慧旅游的发展需要相应的设施、技术和人才，而智慧旅游系统的建立，使得组织和企业能够获得竞争优势，并且智慧旅游系统一旦建设完成，能够保持长期的运营。就实体企业而言，在日常的经营运作中，各种固定成本和可变成本之和要远多于在智慧旅游中的投资；同时，作为一种新的经营管理方式，通过智慧旅游系统，旅游目的地或旅游企业能够直接与游客进行沟通和交互，从而有利于建立良好的企业形象，维持顾客关系，实现顾客忠诚，从而创造经济效益。

3. 文化价值

作为公众生活的一部分，智慧旅游伴随着人类社会的发展而不断演化和发展，其在人机交互的过程中，将推动社会文化的发展。

（1）精神文化

精神文化是文化的核心，智慧旅游作为一种现代生活方式，本身并不能改变人类精神文化，也不能强化精神文化，但其在间接产生精神文化过程中的作用却不可小觑。智慧旅游通过推动旅游的发展促进其精神文化功能的形成。智慧旅游促进人类旅游方式的转变，从而有更多的人参加旅游，在旅游的过程中，人们的思想意识得到端正，自身素质得到提升。例如：通过游览祖国的大好河山，激发了自己的爱国热情；通过参加生态旅游活动，增强了自己的环保意识。这种潜移默化的作用，正是智慧旅游文化功能的体现。

（2）物质文化

在智慧旅游中，智能设备、智慧旅游设施是人们直接接触的物质载体，这是一种被应用在旅游发展中的科技文化。科技与旅游相结合，形成具有旅游行业特色的科技实物，承载着智慧旅游中的物质文化，例如旅游咨询中心的特色建筑、特色设备，具有提示意义的实物，都承载着一种可以触摸的实体文化。

（3）制度文化

不同于政府和企业中存在着明确的制度，智慧旅游本身不存在什么制度，智慧旅游所倡导的是一种制度文化认同。人们在日常的生活中，通过智慧旅游系统，经由智能设备和终端设施，可以主动地了解相应的法律法规、道德规范和行为准则等；在了解、学习和掌握的基础上，人们自觉遵守、自觉践行、合理运用，在遇到问题时，运用法律和相关制度予以解决，从而形成法治和德治相结合，人们自觉遵纪守法的文化。

（4）行为文化

智慧旅游推动人们行为文化的发展变迁，例如：消费方式由线下转到线上；信息获取方式由交易过程中获取转变为交易前获取；支付方式由购买时支付转变为购买前或购买后支付；支付渠道由现场支付转变为网上支付。在人的行为方式方面，传统的随团旅游向自助旅游转变；对景区景点的讲解，由导游讲解转变为智能设备讲解。游客的行为方式随着技术和经济的发展而不断改变，而智慧旅游的发展，则直接加快了这种行为文化转变的速度。

4. 科技价值

（1）推动现有技术的普及应用

智慧旅游的发展，需要依托两类技术的发展。一是，信息科技核心技术的发展。云计算、移动通信技术、全球定位系统等技术的发展使得相关的数据和功能得以生成，智慧旅游的建立将会推进技术在旅游行业内的普及应用，旅游业的应用将会形成示范效应，从而引起其他行业的同时跟进，因而，智慧旅游的应用将推动核心技术的普及应用。二是，设备终端技术的发展。核心技术的应用最终应当使人们的生活更便捷，使越来越多的人通过智能终端来接收智慧旅游的相关信息，进而促进行业发展。

（2）加速新技术的研发

随着社会的发展和需求呈现的多样化趋势，智慧旅游不断发展，一些新的需求需要满足，因而，智慧旅游对技术水平也提出了更高的要求。

5. 环境价值

（1）提高生产效率，节约社会成本

智慧旅游的发展，将会节约社会成本，促使旅游企事业单位无纸化办公的实现。传统的企业运作效果一般。而智慧旅游的建立，将会使得许多人力和物力从工作中解脱出来，减少资源的消耗。在资源有限的情况下，减少消耗就是对资源的一种保护。同时，智慧旅游的发展与我国建设资源节约型和环境友好型社会的发展战略是相一致的。

(2) 提升公众素质,强化环保意识

人们在旅游过程中,通过与不同人群的交流,与不同文化的融合,逐步提高自身素质。与此同时,其自身的环保意识也得以增强。如在生态旅游景区,优美的自然环境和良好的社会环境使人们对环境保护的自觉性增强,这也是环境功能的体现。

(3) 加快智能步伐,避免环境破坏

智慧旅游的发展不能仅仅满足企事业单位的应用,不能仅仅应用于市场,也不能仅仅侧重于服务,同时还应逐步地完善其功能,比如环境监测和环境治理等。例如,在旅游开发的过程中,引入智慧旅游设备,对拟开发地区的生态环境予以跟踪监测,及时获取环境相关数据,了解环境情况,从而指导旅游开发,避免旅游发展过程中对环境的破坏。

(二) 行业价值

发展智慧旅游对旅游业意义重大,无论是游客、旅游企业,还是旅游主管部门,智慧旅游都具有非常深远的意义。智慧旅游将在优化游客行为模式、旅游企业经营方式和旅游行业管理模式上,推动旅游行业发展。

1. 游客

旅游开始之前,人们可以通过智慧旅游设备设施查询相关信息。人们可以在旅游前或旅途中,通过网络等途径,获得旅游目的地的相关信息,这些信息包括旅游资源、市场信息、旅游服务质量和类别等。这些旅游信息,可以帮助游客进行出游参考。通过智慧旅游体系,人们可以获得更为完备的信息,因而能够货比三家,在信息透明的情况下,人们可以个性化地安排自己的旅游行程。在旅游目的地，游客不必拘泥于以往的团队式旅游（行程固定，灵活性较差），可以通过丰富的旅游信息，自己来安排旅游行程。对游客而言，这种旅游活动完全是依照自己的意愿定制的，因而更具有自主性，这可以提高人们对旅游活动的认可和满意度。在获取足够充分的信息后，人们可以进行线上预定，传统的营销和预定较为麻烦，而通过网上预订，信息较为透明，支付比较方便。游客来到旅游目的地后，可以直接开展旅游活动，避免了排队购票、查阅信息等时间的浪费，各种信息了然于胸，可以尽情享受自己的个性化旅游。并且，智慧旅游系统会及时地发布目的地、酒店、景区等相关信息，人们可以根据自己的需要选择性地开展旅游活动，这样也可以避免景区的"拥堵"现象，实现人流疏导。

在旅游过程中，智慧旅游可以实现4个功能：导航、导游、导览和导购。导航。导航是将位置服务嵌入智慧旅游系统中，借助如全球定位系统导航、基站定位、无线网络定位、无线射频识别技术定位和地标定位等技术，实现智能终端设备与网络和位置服务的连接，游客可以通过智能终端设备为自己随时随地进行定位。基于此，在旅游过程中，可以随时获得自身位置信息，引导自身行为，从而有利于缓解在异地开展旅游活动时的陌生感和紧张的心理；通过位置服务，能够获得相关的路线图、距离和时间等信息，从而为自我行程提供建议。导游。游客来到旅游目的地后，其旅游活动范围不仅仅限于旅游景区，同时还会参加一些其他的活动，比如观看演出、逛街等，因此需要了解自身周边有哪些酒店、景区、旅行社、银行和邮政等信息。智慧旅游能够精准地为游客提供这些信息，从而便于游客做出决策，即智慧旅游不仅仅限于旅游活动，凡是与旅游相关的活动，都应当成为智慧旅游发展的重要内容。导览。游客到达某一旅游目的地进行旅游活动，在某一个旅游景点需要了解的相关资料，例如景点的内容，即导游在旅游活动中所讲解的内容，可以通过智能设备便捷地获得，从而实现设备导游而非现实中的人员导游。导购。旅游消费的过程中，智慧旅游应当提供充分的信息，供游客进行选择。例如，游客在选择酒店时，需要知道酒店的星级、顾客评价、发展历史、价格、优惠政策等，智慧旅游提供的这些信息应当与在实体酒店中所了解到的是相同的，从而保证消费者的知情权，使交易能够正常进行。导航、导游、导览、导购的功能集成，能够真正实现游客在旅游过程中的自主化。

在旅游结束后，游客一般会进行信息反馈。就反馈信息的内容而言，可以分为两个方面。一方面是旅游心得分享。游客会分享旅途中所遇到的新奇事件，获得的满意服务，看到的奇特景观。其分享的是一种愉快的超乎寻常的体验，因而，能够将此正面信息传递给他人，使得旅游要素的品牌和形象得以强化，从而使旅游目的地吸引到更多的游客。另一方面是，对旅游中存在的一些不满，也会向公众传播，这种传播将使更多的人知晓，旅游要素的形象也得以广而告之。因此，游客的分享实际上是一把双刃剑，能把其中的满意因素公之于众，也能把其中的不满加以曝光。这在无形中会促使旅游企业提高服务质量，规范自身行为，由此逐步提升自身品牌形象，以达到扩大知名度、提高美誉度的目的。同时，反馈的信息也可能是一些投诉建议，智慧旅游作为一种系统、平台和渠道，既为旅游管理提供便利条件，也为游客权利保障提供法律和技术支撑。旅游主管部门应当充分利用智慧旅游的功能价值，解决旅游中的主体问题，从而优化智慧旅游的发展环境。

2. 旅游企业

（1）提供产品

智慧旅游丰富了旅游产品的形态。传统的旅游产品过于单一，其主要局限于一般的旅游线路产品，如观光旅游产品、度假旅游产品、旅游景区和旅游酒店等内容。这些产品基本上处于旅游的初级阶段，只能满足基本的需求，产品的形态不够丰富，人们的个性化需求不能得到有效满足。同时，在经营管理的过程中，出于成本利润的考虑，个性化和定制化的旅游产品并不多。而智慧旅游的出现、高科技的应用，使得旅游景区、旅行社等对旅游产品的开发力度加大，产品形态逐渐丰富，人们借助智慧旅游，更能满足自身的需求，因而在一定程度上促进旅游产品的多向发展。同时，智慧旅游也拓宽了旅游的销售渠道，传统的营销和促销被逐渐地放大，智慧旅游将旅游产品搬到线上进行销售，使游客更易获得。社交媒体的出现、智能设备的广泛应用，使得人们接触的新媒体增多，而在新媒体上进行旅游产品的销售，并引入智慧旅游，可以极大地拓宽产品的销售渠道。

（2）展示形象

智慧旅游拉近了旅游企业与游客之间的距离，也为旅游企业展示自身形象提供了更好的平台。智慧旅游的运用，智能终端的使用，使得旅游信息的发布更为快速和频繁。旅游企业可以通过产品来展示自身的形象，产品的多样化、个性化、人性化、标准化、人文化和科技化等成为旅游企业展示自身的重要途径。通过了解产品，人们可以了解旅游企业的经营方向和发展理念，形成对旅游企业的良好印象。同时，旅游企业可以通过展示企业自身形象、自觉履行社会责任来赢得政府和社会的青睐。政府在推动智慧旅游发展过程中会对其进行宣传，展示企业的优质产品、企业文化、经营理念等，通过正面宣传强化其在公众心目中的良好形象，既能在行业中起到模范与示范作用，又能进行免费宣传。旅游企业也可以通过游客展示形象。旅游企业为游客提供优质的产品和服务，得到游客的赞赏，游客在游览后会将旅游中的感受分享给他人，通过滚雪球效应不断强化企业在人们心目中的美好形象。

（3）节约成本

臃肿的组织结构使得企业在经营的过程中成本增加，运行起来举步维艰，而智慧旅游的应用，恰好能为企业节约成本。首先，旅游企业能通过网络获得游客的信息和需求，进而根据需求制定产品、价格、促销和渠道策略，从而避免以往进行市场调查持续时间长、耗费人力多、成本开支大的弊端；其次，在产品销售的过程中，通过网络进行智能化销售，运用机器设备实现销售水平的提高，从而节省人力资本；最后，在信息的保存上，将企业信息进行云存储，随时更新随时应用，由机器进行管理，易于保存，不易损坏，取用方便。既节省人力物力，又避免资源的浪费，同时还能实现企业的低成本运营。以往采购物质资源，交通等费用是企业一项不小的开支，并且这种开支的发生频率高，而智慧旅游的应用，将实现企业的虚拟化采购，从而极大地节约成本。

（4）优化企业管理

企业在管理过程中需要依托较多的技术和设施设备，传统管理中的很多方法和实践是粗放型的，管理起来困难而庞杂。比较明显的例子是信息调用困难，如客户信息的管理、财务状况的记录，这些信息和资料通常以笔记的形式记录，储存量较大，修改、保存、查找和取用都很困难，调用一项信息或数据会花费较长时间，并且时常容易出错。而智慧旅游建设运用云计算等技术，实现企业数据集中管理，将存储和计算等工作网络化、系统化、实时化、智能化，实现数据和信息应用的便捷化。这样既提高了企业的信息化水平，又提高了其经营运作效率，还推动了企业的标准化建设。

（5）转型升级

智慧旅游的发展建设将促进旅游业的转型升级。首先，旅游市场由线下转变为线上线下相结合，智能设备与移动互联网的无缝对接，使得人们更加便捷地利用智能设备，实现旅游产品的线上购买。其次，旅游产品的优化升级。传统的旅游产品只能满足游客的基本需求，然而，随着智慧旅游的应用，旅游产品会向着科技化、人文化、个性化的方向发展，使得旅游产品更具文化内涵，更加受到旅游者的欢迎。智慧旅游的发展将调整产业结构、优化旅游方式，促进旅游业的转型升级。

3. 旅游主管部门

旅游主管部门进行智慧旅游建设，主要体现在两个方面：一方面是内部体系的建设，如建设智慧办公体系；另一方面是外部体系的建立，如智慧旅游公共服务体系的构建等。无论是外部还是内部智慧体系的建设，无非要达到以下两个目的。

（1）实现智慧政务处理

旅游业发展涉及较多行业和要素，在发展的过程中，政府管理部门有烦琐的工作需要处理,旅游行政管理部门在业务处理的过程中存在着提高效率等现实诉求。智慧政务的建设,能够使得相关的管理和服务工作随时随地进行,不仅节省人力、物力和财力,还有利于提高办事效率。

(2) 外在形式的公共服务体系的建设

这是创建服务型政府的体现。通过智慧旅游体系,及时将相关的政策、法律和规范等公之于众,使人们了解相应的法律法规,因而能够使得行业运作更加透明;同时,及时地将旅游行业信息予以公布,使得旅游企业自觉规范自身行为,能够有效促进行业自我管理。因此,旅游主管部门推动智慧旅游发展建设的着眼点和落脚点是推动行业发展、助力行业监管和提供公共服务。

具体来说,智慧旅游的发展将从以下方面促进旅游行业管理。

第一,行业统计。通过位置服务和网络服务获得旅游相关的各类信息,对游客的行为特征进行分析。例如,对某一类型的旅游景区进行分析,需要了解其游客的共同特征是什么,该类旅游活动表现出什么样的发展趋势等。

第二,需求采集。市场交易主体能够进行动态的双向的信息交流。通常情况下,需求决定供给,游客将其对产品的需求通过智慧旅游体系反馈给管理者,管理者据此引导旅游市场的发展,进而有针对性地提供产品和服务。

第三,预警预报。旅游市场具有敏感性和脆弱性,容易受到各类因素的影响,智慧旅游的建立,能够及时地反映市场动态,便于旅游管理部门见微知著,从而及时采取措施,引导行业的健康发展。此外,在旅游活动中,遇到突发事件、出现险情时,可以通过智慧旅游体系获得救助，全面高效的救助体系能够在第一时间做出反应，从而及时解决危机。同时，旅游主管部门可以通过智慧旅游体系，发布潜在的危险信息，游客经由智能终端设备获得这些信息，可以及时地采取预防措施，减少不必要的损失。

第四，监督管理。游客和社会大众在透明的信息网络下，在便捷的智慧旅游体系下，可以及时地将旅游过程中的不良行为公之于众。大众的监督管理可以督促旅游企业约束自身行为，从而促进旅游企业的规范化运营。

第五，投诉处理。由于游客在旅游中处于劣势地位，因而，较多的游客在权利受到侵害后，没有采取相应的措施加以维护，为了保证旅途的顺利进行而选择忍气吞声。而智慧旅游的出现，使得投诉更为便捷，投诉的处理能力也得以增强。因而，智慧旅游的建立将会极大地提升旅游投诉处理效能。

第六，科学决策。智慧旅游的"智慧"能够生成优秀的决策方案，促进旅游主管部门做出科学决策，从而促进旅游业的持续健康发展。

第二章 智慧旅游发展建设

第一节 我国智慧旅游的发展概况

一、智慧旅游的发展背景

（一）传统旅游业的发展面临挑战

随着新媒体、大数据时代的发展，我们的生活方式发生了很大的改变。同时，这也影响着旅游业的发展模式。从旅游景点的选择、行程安排、预订、出行、评价体系等一系列旅游消费链来看，无处不存在着现代信息技术的作用，尤其在互联网快速发展的今天，更是如此。传统旅游行业面临一系列的挑战。

1. 互联网时代迫使传统旅游行业进行转型升级

互联网的快速发展，已深深影响、改变了人们的生活方式。伴随着信息技术的日新月异、手机智能终端的普及，很多问题都能通过网络解决。高速网络的形成促进了一大批同城化的旅游业发展。相邻城市之间，区域与区域之间逐步融为一体，通过城市之间的融合，游客能够分享城市化所带来的发展成果，同城化旅游业使得合作区域辐射力、扩散力、竞争力越来越强，互联网时代为旅游产业的发展奠定了基础。

2. 微时代的到来要求旅游营销另辟蹊径

微时代的主要特征就是自媒体、微传播，即以微博、微信为代表的新传播技术成为文化、资讯传播的路径，微时代信息的传播因其瞬时性和扁平化，速度比传统传播媒介快，传播的内容更具冲击力和震撼力，可以在极短时间内吸引大家的眼球及兴趣。随着5G网络的快速普及和应用，人人都是信息传播的主体，这也为旅游的宣传和营销拓宽了空间。网络营销的即时性、主体性、互动性等特性也为受众提供了仿佛亲身体验的感受。微时代更值得关注的是，随着微信、支付宝等平台增加了支付功能，便捷的"微支付"开始成为一种支付模式，这将对包括旅游业在内的服务业形成翻天覆地的影响。

3. 跨境时代的到来要求产业深度融合

随着人们经济生活分工更加细化和各产业的不断跨界融合，产业与产业、行业与行业之间的界限更加模糊，功能互相交叉，跨界融合、跨区域融合已成为现实，旅游业更是如此。因而旅游活动的维度越来越"泛"，更进一步地促使旅游业与其他产业的融合，旅游业已不再是单纯的现代服务业。现在的旅游产业已成为社会性产业，具有经济、文化等多重功能。

（二）智慧旅游响应旅游供给与需求

1. 供给结构改革需要智慧旅游

智慧旅游的出现将使游客直接受益，使游客能通过智慧旅游系统的终端，完成观光信息查询、门票预订、私人旅游线路定制等网上服务，最大程度地节省时间。同时依托移动互联、LBS（位置服务）等技术建立价值评判、资源配置体系，可以推进目的地特征的真实呈现、产品供给与游客需求的无缝对接，促进旅游信息去伪存真、旅游产品价值透明、旅游细分市场的形成；立足大数据技术，通过信息收集、流量监测、行为采集，以及数据分析、挖掘等方法，能够实现市场趋势预测、旅游环境预警，为精准营销、市场干预、流量引导提供数据支持，促进客源的合理分布。正是当下提高供给结构对需求变化的适应性和灵活性的完美诠释，智慧旅游的发展必将较快地促进旅游服务水平、旅游管理水平、旅游营销水平的大幅度提升。

2. 游客需求侧呼唤智慧旅游

消费水平的提高使得外出旅游呈现大众化态势，然而景区有限的环境承载力却成了阻滞旅游规模化发展的绊脚石，尤其是在"五一""十一"等法定假日知名景区更是人山人海，导致景区各类问题层出不穷、游客体验度大打折扣。因此，加大智慧旅游建设投入力度，加强高峰期的游客管理成为旅游业健康发展的一项重要任务。

此外，通过智慧旅游及时传送和挖掘分析感知游客、旅游资源、旅游经济、旅游活动等方面的信息，能够提升旅游体验和旅游品质，满足游客的个性化、特色化需求，而这些在传统技术条件下是很难全面、普遍、及时、高效实现的。以移动互联网、物联网、视联网和大数据、云计算为技术支撑的智慧旅游，使大众旅游的服务需求得到充分、及时和高效的满足，能够使游客由过去求量型旅游向求质型旅游转变，使得智慧旅游成为提升游客旅游品质的助推器。

（三）智慧旅游提升旅游市场竞争力

目前，发达国家和地区都已建成集吃、住、行、游、购、娱六要素于一体的综合信息应用系统。几十年来，国际旅游、航空和餐饮业经历几次大的信息技术变革后，发达国家和地区在这方面已经取得巨大成效，智慧旅游的应用已经渗透到旅游行业的各个领域，但云计算、物联网、高速互联网等新型技术在旅游领域的尝试性运用刚刚开始，各国在智慧旅游发展上处在同一起跑线。因此，通过云计算、物联网、高速通信等信息技术的有机整合，使旅游业的信息化与工业信息化同步发展，强化我国智慧旅游装备制造、智慧旅游应用软件、智慧旅游经营发展模式等方面的探索和建设就成为我国旅游业由传统服务业向现代服务业转变的突破口，是提高旅游智能化水平、扩大产业化规模的重要路径和举措。

（四）科技进步助推智慧旅游新浪潮

近几年，随着"互联网+""宽带中国""智能制造""智慧城市"等一系列信息化战略的迅速推进，城市 Wi-Fi 覆盖建设进程不断加快，5G 网络的逐渐普及，促使使用通信覆盖范围更广、运行速度更快的移动通信网络进行随时随地上网成为现实，人们只需要一个小型的上网终端（如智能手机）就可以随时、随地、随心地获取和使用旅游信息。公众越来越依靠互联网、移动互联网、物联网等手段获取旅游产品和服务信息，进行旅游活动安排和项目查询、预订、支付，实现旅游活动过程中的导游、导览、导购等旅游活动过程及其前后的联络、交流、分享等。

与此同时，互联网、大数据、云计算等信息化技术也为旅游资源调查评价、旅游规划设计和咨询论证、旅游开发建设和基础配套、旅游组织管理和质量安全保障、旅游宣传推广和预订销售、旅游教育培训和交流研讨等方面提供更为科学有效的手段。以 VR 技术为新浪潮的虚拟旅游的兴起，微信、微博、旅游软件的广泛应用，不断丰富着智慧旅游的内涵和框架体系。

（五）全域旅游呼唤智慧旅游全面化

全域旅游需要开发利用更多的资源，而从资源普查、项目可行性研究论证、消费需求调研、规划设计、组织接待、宣传营销、组织管理等旅游资源的供给看，传统的技术方式缺陷日现，包括政府机构用传统方式进行资源调查评价，进行旅游统计和委托他方进行抽样调查（街头拦访调查），委托专业机构研究编制旅游规划，由旅行社、饭店、定点商店和娱乐场所负责旅游接待服务，组织参加旅游交易会、博览会、推介会和进行广播电视、街头广告宣传，政府通过审批、检查等工作进行质量监督和秩序规范等方面都略显不足。而在信息化时代，互联网、大数据、云计算等技术能为这些工作顺利开展、提高质量和效率效益创造更好的条件。因此，大众旅游时代的旅游开发建设、生产供给、接待服务必然是全域旅游，在旅游消费方面必然是智慧旅游，从整体上看，大众旅游和全域旅游必然以旅游信息化为主要技术平台。因此，智慧旅游的出现及发展必将在全域旅游背景下对传统旅游规划、旅游调研、旅游管理、旅游宣传方式的深刻性变革产生重要影响。

（六）双创经济衍生智慧旅游新业态

通过智慧旅游能够催生新的商业发展模式，不断推动旅游业改革发展的进程。例如：依托互联网而生的分享经济正以强大的发展势头席卷全球,分享经济正为人们提供一种全新的生活方式和商业模式。旅游业作为一个天然符合分享经济发展的领域,分享经济将率先改变游客的出行方式、消费习惯、体验效应,进而形成连接一切市场主体的旅游分享经济生态系统。

二、智慧旅游发展的理论框架

(一) 主体维度

主体维度主要是指基于旅游生态圈的供需关系而产生的各主体之间的交互模型。从智慧旅游信息系统的应用对象及其相互关系入手,围绕应用对象本身及其之间的交互,以及对智慧旅游的需求,我们可以构建智慧旅游的主体维度 3D 模型。

主体维度是指确定智慧旅游的投资开发、运维管理和用户的主体,确定这些主体对于智慧旅游的可持续发展是十分重要的。智慧旅游既需要满足应用主体自身的需求,也需要满足应用主体之间的交互需求。与传统信息技术应用面向政府、企业与游客三大主体不同,智慧旅游将目的地居民纳入应用对象,体现了智慧旅游在智慧城市外延下,不仅能够为游客提供服务,还能够使旅游管理、服务与目的地的整体发展相融合,使游客与目的地居民和谐相处。

(二) 科技维度

科技维度主要是指智慧旅游中的建设主体所应具有的科学技术能力及其建设与实施的特性与应用方向。我们将其归纳为 3 个维度,即能力、属性、应用。能力是指智慧旅游所具有的先进信息技术能力;属性是指智慧旅游的应用是公益性的还是营利性的；应用是指智慧旅游能够向应用各方利益主体提供的具体功能。公益性是指智慧旅游的应用由政府或第三方组织提供，以公共管理与服务为目的，具有非营利性。营利性应用由市场化机制来决定服务提供商。智慧旅游的属性能够决定其开发主体、应用主体以及运营主体。智慧旅游的3个科技维度的内涵可归结为以下3点。

一是以智慧旅游目的地的概念来明确应用主体。因此，除了一般智慧旅游所涵盖的游客、企业之外，还包含了目的地居民。

二是公益和营利属性是信息技术能力和应用的连接层，即可建立起基于某种（某些）信息技术能力，具有公益或营利性质的、面向某个（某些）应用主体的智慧旅游解决方案。

三是公益性智慧旅游和营利性智慧旅游的各种应用以及两者之间具有某种程度的兼容性和连通性，可最大限度地避免信息孤岛并可填补信息鸿沟。

（三）服务维度

服务维度是指从用户的角度考虑的可用、便利和经济等特性。

1. 可用

"可用"是指在技术上可行，便于用户操作，学习成本低，实用性强，能给用户带来实际的好处，为用户创造价值，而不只是炒作概念。

2. 便利

"便利"是指可以让用户很容易获得，并且与用户交互的界面友好，如尽量使用一键登录，而不是逐条填写烦琐的个人信息进行提交；对于游客来讲，采用二维码扫描登录，就比手动输入网址要方便得多；有些应用（如景区的现场解说）采用二维码扫描登录官方微信账号要比下载应用软件更加方便简捷，既不占用内存，登录速度也较快；服务尽量前置化，如及时推送实时信息，以及加强基于客户端的开发和应用。

3. 经济

"经济"是指提供的应用和服务是用户或游客支付得起或愿意支付的。因此，一般收费不能太高，最好免费，或者由第三方承担费用。这也是互联网经济在商业模式上的创新之处。

三、我国智慧旅游的发展

(一) 我国智慧旅游发展的阶段

旅游业本质上就是信息密集型和信息依托型产业，信息技术的便捷性、实时性、丰富性等优势促使传统旅游业与信息产业融合。随着信息技术在旅游产业应用的一步步深入和升级及旅游信息化建设不断地革新和发展，旅游业由最初的旅游数字化、智能化发展到现在的旅游智慧化，而智慧旅游是旅游信息化发展的高级阶段，它是由旅游数字化、旅游智能化演化而来的，经历了旅游数字化、旅游智能化和旅游智慧化3个发展阶段。

1. 旅游数字化阶段

计算机和网络的出现，可以将信息转换为数据并成为计算资源，由计算机进行计算处理，变为有用的旅游信息。旅游信息可以在网络中互联互通，还可以通过通信传输，将分散的旅游信息转换为集成的信息，从而得以很好地应用。旅游数字化是旅游信息化建设较早的阶段，主要是利用互联网技术简化旅游从业人员的工作流程，提高其工作效率。对旅游行业主管部门来说，旅游数字化包括以下内容。

第一，构建旅游信息数据库。强调有组织地规划和设计旅游信息资源库，统一管理基础数据和专题数据，旅游数字化主要是应用互联网等技术实现信息的集成共享，分布式异构数据集成管理，建立共享和服务机制，实现从单一功能到专题综合应用；将数字化作为一种手段，这种手段的主要功能是整合覆盖各个方面的旅游信息资源，解决旅游服务的效能问题。通过旅游数字化的建设，实现旅游信息资源的共享，能极大提高旅游市场和监管部门的运作效能，降低旅游企业和监管部门的运营成本。

第二，构建城市/区域性旅游信息服务终端。旅游数字化建设不仅需要软件的集成组合，也需要通过一些数字终端来实现。基础设施是数字化建设的基础支撑，尤其是在旅游公共服务建设方面，数字化旅游在构建城市/区域性旅游信息服务终端中发挥着重要作用，如"数字旅游亭"等。

第三，构建旅游网站与旅游呼叫中心的协同发展模式。旅游网站建设并不是全面的，也不可能实现游客在旅游过程中的旅游信息咨询要求，因此，游客客观上还是比较依赖旅游呼叫中心的服务。由于涉及内容庞杂，此类热线服务的精细化程度远远不够，因此，旅游网站与旅游呼叫中心的协同发展能为游客带来便捷的服务。

旅游数字化能在一定时期内实现游客劳动力的大解放，为智慧旅游的继续向前发展奠定很好的基础。首先，旅游数字化建设推动着先进的技术融入旅游业，数字景区、数字酒店等旅游接待服务设施的数字化建设成果提升了旅游业的整体服务水平，为智慧旅游的建设提供了良好的基础支撑平台；其次，旅游数字化建设带动着旅游服务质量的改善和提升，促进先进的旅游管理理念的普及，为旅游信息化的深入建设提供了良好的思想环境。

2. 旅游智能化阶段

时代在发展，科技无止境。旅游数字化随着科学技术的向前发展不断深入，尤其是面对游客需求层次的大幅度提高，旅游智能化建设应运而生。旅游智能化主要解决旅游资源有效配置的问题，为旅游业的发展提供全面的解决方案，增强核心竞争力。

旅游智能化是智能系统应用于旅游业产生的作用和效果。随着现代通信技术、计算机网络技术以及现场总线控制技术的飞速发展，数字化、网络化和信息化正日益融入人们的生活。在生活水平、居住条件不断改善与提升的基础上，人们对生活质量提出了更高的要求，随着人们需求的日益增加，智能化的内容也不断有所更新和扩充。

第一，旅游的智能化是对于信息科技革命的智能应用。较之以往的数字化，旅游智能化对于科技革命的理解和应用更为深刻和全面。旅游智能化是面向应用、面向旅游产业升级，把新一代信息技术充分应用在旅游产业链的各个环节之中的应用，它把"智能"嵌入和装备到各类旅游资源中，是对信息技术的透彻诠释。

第二，旅游的智能化由于过分强调信息技术革命在旅游业中的应用，即重视技术的发展，易忽视游客的需求。对于一项技术成果，不是考虑游客对其是否有需求,而是一味思考其能够应用在旅游业的什么方面,这导致其产生的市场效益不是很高。

3. 旅游智慧化阶段

从旅游智能化到旅游智慧化,不仅要实现技术上的变革,更重要的是旅游信息定位的变革,将旅游信息化建设的出发点和落脚点从强调科技的智能转移到强调科技带给用户体验的提升,真正做到以游客为重点。智慧旅游依托智能旅游的技术基础,凭借先进的智能化手段,将物联网、云计算、射频技术等最新科技信息革命的成果注入为游客服务中去,通过超级计算机和云计算将物联网整合起来,实现人与旅游资源、旅游信息的整合,以更加精细和动态的方式管理旅游景区,从而达到"智慧"状态。智慧旅游强调以人的需求为主体,而不是一味地追求科技的最先进、最尖端、最智能。智慧旅游贯穿于旅游活动的始终,即从旅游需求的产生到旅游过程,再到旅游后心情的分享。

虽然智慧旅游建设不是盲目地追求科技的先进化,而是如何合理配置资源,让游客体验智慧旅游的舒适感,但智慧旅游建设也是需要借助旅游智能化的基础平台,采用先进的技术设备和手段来实现的。旅游智能化是智慧旅游建设的基础,具体包括思想基础、技术基础和基础设施基础。

首先,旅游智能化深化了人们利用信息快速发展旅游业的认知,为智慧旅游建设奠定了思想基础。旅游智能化向游客、旅游企业和旅游监管部门展示出信息技术为旅游业带来的巨大变革,促使更多的人相信信息化是实现旅游产业转型升级的重要路径之一,并逐渐成为一条必由之路。这为旅游的智慧化建设奠定了很好的认知基础，使得智慧旅游容易被更多人接受和肯定。其次，旅游智能化提升了旅游信息化水平，为迎接旅游智慧化的到来准备好了技术条件。旅游智能化建设不仅带动了旅游业的迅速发展，而且带动了信息技术在旅游业的成熟应用，证明了信息技术在旅游业中的强大生命力和效力，为推动信息技术的突破式发展夯实了技术层面的基础。最后，旅游智能化提升了城市整体基础设施的智能化水平，为智慧旅游的发展营造了良好的环境。如果说思想认知上的基础是"软"实力，那么基础设施方面的基础就是"硬"实力。

旅游智慧化是智能化的发展目标，代表着旅游信息化领域的最新成果和必然趋势。首先，从词义本身看，智慧生活、智慧旅游、智慧城市等词语强调的是技术的进步使人们的生活得到改善而变得更加便利。智慧化和智能化的主要差异在于"智"的结果上，"能"是"智"的基本效用，而"慧"是"智"的升华。其次，从发展阶段看，旅游的智能化在前，智慧化在后。沿着信息技术的发展趋势，智慧旅游凭借的技术手段要比智能化更加高端和人性化。科技在不断向前发展，旅游信息化也在向更先进的方向发展，智慧旅游是旅游智能化不断发展的结果。最后，从实现价值和目标来看，旅游智能化为智慧化奠定实践的基础，而智能化发展的终极目标是智慧化。智能旅游实现的是旅游媒介的高端化和智能化，忽视了游客需求，完成的是从技术到技术的循环；而智慧旅游以融合的通信与信息技术为基础，以游客互动体验为中心，以一体化的行业管理为保障，以激励产业创新、促进产业结构升级为特色，其实践的切入点和核心价值是游客的体验。

（二）我国智慧旅游发展的趋势

1. 引领世界旅游的发展潮流

智慧旅游以人为本，以绿色、科技创新为特征，利用云计算、物联网、高速通信技术等信息技术提升旅游服务质量与服务方式，改变人们的旅游消费习惯与旅游体验，成为旅游发展与科技进步结合的世界时尚潮流。云计算、物联网、高速互联网等新型信息技术在旅游领域尝试性的运用才刚刚开始，各国在智慧旅游发展上处在同一起跑线上。换言之，谁在智慧旅游发展方面抢占先机，谁就能引领世界旅游发展的潮流。

2. 产业融合逐步推进

在"互联网+"的大背景下，旅游业以其关联度高、产业链长、带动性大等特点，不断加深其与交通行业、通信行业、游戏行业等领域的交叉融合，催生着新业态的产生与发展，成为当下产业融合的典型行业领域，并将在新技术、新模式的氛围中，继续保持其产业融合的势头。

3. 提升科技集成的竞争优势

目前，智慧旅游作为一个发展概念，尚无技术标准和建设发展模式，现在进行的智慧旅游建设均属于探索性的建设。在未来智慧旅游主导的旅游产业竞争格局中，谁参与了智慧旅游标准制定、谁参与了智慧旅游技术整合、谁参与了智慧旅游经营模式探索，谁就可能获得世界旅游产业中利润最丰厚的部分，占据旅游产业的市场优势和竞争主动权。因此，在智慧旅游"云端"的模式总体框架下，将云计算中心、高速互联网、高速移动通信网、物联网等进行集成性融合尝试：采用"私有云计算"的服务方式降低基础设施建设成本、维护成本和升级成本，提升信息处理能力；采取虚拟定位技术，将游客定位在三维地图之中，以便进行可监控救援服务；采取游客信息采集处理技术，对消费者进行类别区分，提供贴身营销服务等，实现智慧旅游信息科技集成条件下的精细管理的价值诉求。

4. 满足旅游体验的个性需求

智慧旅游发展的直接受益者是游客。游客通过智慧旅游系统的终端，可以完成网上旅游咨询服务，如查询观光信息、网上预约和网上购物服务，还可以制定私人旅游线路，合理安排个人日程，最大化地利用旅游时间。智慧景区也将提供更加多元化、个性化的服务，游客能够根据自己的需要选择性消费，如根据自己的需要选择导游讲解语种、讲解风格、讲解深度等，游客借助虚拟辅助系统能够全面、直观、深入地进行旅游体验。游客与智慧景区系统不断地进行信息互动，进而使景区服务形式和消费内容不断创新，游客每次到来都有不同的体验和感受，从而乐于重复消费，提高重游率。

5. 系统研究成为方向

在研究方法方面，针对智慧旅游的现有研究以定性研究为主，侧重于智慧旅游理论、基本概念分析、内涵价值探讨、模式设计、特定地区智慧旅游建设思路和发展战略的一般性探讨，研究基本处于描述的初级阶段，规范分析和演绎分析的运用尚未出现，缺乏体系化、数量化、规范化的理论研究成果。在今后的研究中，应更注重定量分析方法的使用，以保证在量化分析的基础上为定性研究的观点提供有力的逻辑支持，使研究更严谨科学。强化理论研究，完善相关理论体系建设，重视基础建设。学界对基础概念的定义形式较多，对其涵盖的内容、范畴理解不一致，导致相关理论体系不完善。当前，应对智慧旅游的基本概念和原理进行更深入的探讨，并形成统一的理论体系，为智慧旅游应用提供有效指导。

6. 区域智慧旅游渐热

云平台对大数据的处理技术使得城市旅游的发展与区域旅游一体化的发展相契合。推动智慧旅游的发展，能够使涉及旅游各要素的数据重新整合并获得高效利用，如建设富有特色的区域旅游环线，加快区域旅游一体化发展，提高区域旅游的竞争力。因此，智慧旅游能够依托城市群同城化的发展背景，整合一定区域的旅游资源，促进旅游和其他产业融合，形成旅游产业带动区域经济增长的新格局，同时又反向拉近城市群内城市间距离，带动城市群经济整体提升，推动城际交通圈的发展与完善，为实现城市群同城化、一体化起到助推作用。所以，区域一体化与智慧旅游一体化的融合将成为未来智慧旅游发展的一个重点。

7. 探索旅游管理的创新平台

智慧旅游需要有智慧旅游系统应用平台的支撑。智慧旅游系统应用平台作为一个信息集成系统，收集景区物联网的监控信息，如智慧园区客流动态监控状况，游客消费实时信息，饭店、商铺经营动态系统，景区生态、遗产文物等实时监控状况，安保信息系统等。物联网采集信息通过虚拟数据中心的云计算驳接系统，传输到云计算中心，在云计算中心完成信息计算与处理，再返回虚拟数据中心，虚拟数据中心的系统平台提供分析结果，供决策管理者进行旅游信息决策，使智慧旅游景区管理更加高效合理。

第二节　智慧旅游的建设对象和支撑体系

一、智慧旅游的建设对象

智慧旅游建设为基础服务提供商，如物联网、通信网、数据处理、计算机信息服务企业等提供了巨大的商机，智慧旅游建设也必须在这些技术企业的支持下才能完成。因而，智慧旅游建设基础服务提供商也是智慧旅游建设的重要对象。

（一）相关部门

相关部门在智慧旅游建设中主要涉及三项内容：一是编制和规划智慧旅游建设纲要，从建设内容、组织计划、运营投资政策、技术要求规范和建设标准及服务准则等方面建立指导方案；二是在推动智慧旅游发展过程中的相关服务职能转变，通过旅游资讯宣传、旅游营销、综合性旅游信息云公共服务平台以及旅游行业信息资源管理系统、信息监控应急指挥平台等的建设，完善智慧旅游建设的后台服务；三是进一步推进旅游电子政务建设，建立旅游行业管理平台，提高各级旅游管理部门的办公自动化水平，提高行政效率，降低行政成本。相关部门通过智慧旅游的建设，将为公众提供畅通的旅游投诉和评价反馈的渠道，强化对旅游市场的运行监测，提升对旅游市场主体的服务和管理能力，保证在发生应急、突发、危险、紧急事件状态下的旅游应急指挥服务顺利进行，并通过物联网、通信平台、运营商的支持和多种尖端信息技术实现对自然资源、文物资源的监控保护和智能化管理，提高旅游宏观决策的有效性和科学性。

(二) 旅游企业

旅游企业是智慧旅游的信息提供者，它们在企业经营活动中所产生的重要信息，是实现旅游信息化的重要来源。旅游企业承载着智慧旅游项目落地以及服务支撑，同时它们也是智慧旅游的受益者。这些企业将使用智慧旅游的建设成果，在向游客提供智慧旅游服务、接受相关部门监管的同时，积极通过企业信息化建设不断提高企业运营水平、降低运营成本、提高企业经营绩效。

旅游企业建设部署可以应用智慧旅游系统，还可以在传统旅游营销的基础上，通过渠道创新、方法创新和技术创新，全面提升旅游营销的效率和效果，更好地满足推广旅游资源、销售旅游产品的目的。旅游企业主要有智慧景区、智慧旅行社和智慧酒店。

1. 智慧景区

旅游景区企业是智慧旅游建设和发展的主要原动力。旅游景区不仅需要考虑景区资源的建设管理，如建设开发、工程管理等，还需要考虑电子票务结算、客流引导服务、电子导览服务、虚拟实景的旅游应用、虚拟旅游体验式营销、基于无线位置服务、景区内部资源智能经营管理(环境保护、物业管理、商户经营、停车管理、后勤管理、财务管理等)等系统的部署，这些系统的应用和实践将有助于景区服务能力的塑造、服务品牌的提升、服务内容的规范，从而实现旅游景区的智慧响应和管理。智慧景区是对环境、社会、经济三大方面进行透彻的感知是广泛的互联互通和更科学的可视化管理的创新型景区管理系统。智慧景区建设主要包括智慧博物馆类、智慧文物保护类、智慧风景名胜类景区建设。

2. 智慧旅行社

在技术创新、服务创新和资本的驱动下，酒店和机票预订、旅游度假产品、租车、景区门票预定、签证办理等产品迅速在线化，在线旅游企业不断丰富旅游服务业内涵。传统旅行社开展在线商务运营，建设智慧旅行社是市场竞争的必然选择。智慧旅行社就是利用云计算、物联网等新技术，通过互联网/移动互联网，借助便携的终端上网设备，将旅游资源的组织、游客的招揽和安排、旅游产品开发销售和旅游服务等旅行社各项业务及流程高度信息化和在线化、智能化，达到高效、快速、便捷和低成本规模化运行，创造出游客满意和旅行社企业盈利的共赢局面。

3. 智慧酒店

随着酒店日趋激烈的竞争和不断攀升的客户期望，酒店装潢、客房数量、房间设施等质量竞争和价格竞争将退居其次，迫使酒店企业不断寻求创意突破以扩大酒店销售。改进服务质量、降低管理成本和提升客户满意度是增强酒店的核心竞争力的新法宝。其中最有效的手段就是大规模应用先进的信息化技术，开展智慧酒店建设，变革传统意义上的酒店业竞争方式和经营管理模式，进而赢得新的竞争优势。酒店的竞争将主要在智能化、个性化、信息化方面展开，智慧酒店悄然兴起。智慧酒店整合集成酒店办公软件、信用卡收费、ATM 机、无线制卡等系统，应用物联网技术、云计算技术、计算机智能化信息处理、宽带交互式多媒体网络技术，形成酒店智能化解决方案，为消费者提供周到、便捷、舒适、称心的服务，满足消费者个性化服务，信息化服务的需要。同时，通过智能控制系统将酒店物耗、能耗、人员成本降到最低，以创造更高效益。

（三）智慧旅游建设服务商

智慧旅游建设服务商主要包括与智慧旅游相关的信息化服务商，包括移动、联通、电信等通信运营商，相关信息技术提供商、硬件设备提供商、软件开发商、智慧旅游规划机构、项目实施和系统集成商，以及负责技术支撑层面的云计算基础设施服务提供者和云计算应用服务提供者等。

二、智慧旅游的支撑体系

智慧旅游标准规范体系、安全保障体系、建设管理体系和产业运行体系贯穿于智慧旅游建设的各个方面，为智慧旅游建设提供保障和支撑条件，确保智慧旅游体系的安全、可靠和可持续发展。

（一）智慧旅游标准规范体系

标准规范体系是智慧旅游建设和发展的基础，是确保系统互联、互通、互操作的技术支撑，是智慧旅游工程项目规划设计、建设管理、运行维护、绩效评估的管理规范。智慧旅游标准规范体系包括技术标准、业务标准、应用标准、应用支撑标准、信息安全标准、网络基础设施标准等。

（二）智慧旅游安全保障体系

安全保障体系建设应按照国家等级保护的要求，从技术、管理和运行维护等方面，对智慧旅游的信息网络采取"主动防御、积极防范"的安全保护策略。建立计算环境安全、网络通信安全、计算网域边界安全三重防御体系，并在感知层、通信层、数据层、应用层和服务层，通过建设安全的传感网络、通信网络、数据中心和应用平台，实现对智慧旅游的层层防控。

（三）智慧旅游建设管理体系

建设管理体系主要包括建设、运营和管理等方面。坚持政府引导和市场运作相结合，形成以政府投入为导向、企业投入为主体、金融机构和其他社会资金机构共同参与的多渠道信息化投资模式。大力推进服务外包制度，围绕用户需求进行技术支持、系统运行维护、软件设计开发等工作，积极在相关部门中推行信息化、服务化的外包制度。鼓励、引导工程技术研究中心、生产力促进中心、创业服务中心等各类技术开发和中介服务机构，按照市场化运作的方式，结合智慧旅游建设，为政府、企业实现信息化提供需求诊断、方案设计、咨询论证、实施、监理、人员培训等方面的服务，形成专业化、网络化、市场化的新型信息化技术服务体系，最大限度地降低智慧旅游的建设风险。

（四）智慧旅游产业运行体系

智慧旅游产业运行体系建设将通过旅游产业链中各个环节的智慧化改造，提升整个旅游产业的发展规模和发展水平。通过改善旅游体验，可增强游客旅游欲望。增强旅游消费需求。通过发展面向国际的网络营销和电子商务，将有效促进金融、物流、信息、计算机服务和软件、文化创新等战略性新兴产业与现代服务业的发展。产业发展是可持续性的旅游开发模式，重开发、轻保护等掠夺式的旅游资源开发模式已经不能适应经济发展的需要。智慧旅游通过信息技术在经济产业中的应用，可增加旅游经济中的知识含量，实现旅游业从依赖大量投入物质资源的粗放式发展到提高投入要素使用效率的集约式发展方式的转变，更好地实现产业的可持续发展。智慧旅游将增强旅游产业竞争力，极大地提高旅游产业服务水平、经营水平和管理水平，弥补传统旅游供应链中灵活性差、效率低下的不足，使供应链上的各环节之间联系更加通畅，促进供应链向动态的、虚拟的、全球化、网络化的方向发展，从而提高我国旅游产业的竞争力。

第三章 智慧旅游管理

第一节 智慧旅游管理的必要性

一、智慧旅游是科学决策和管理的需要

旅游业对信息有很强的依赖性。智慧旅游依托信息技术，能够主动获取游客信息，形成游客数据积累和分析体系，全面了解游客的需求变化信息，帮助旅游管理者对旅游市场进行分析和预测，从而有针对性地制定相关政策，采取相应措施，并在信息技术的支持下实现对旅游业的宏观调控和微观管理。"智慧"的旅游管理是适应信息时代快速变化的必然选择，它可以增强旅游管理工作的科技含量。

二、智慧旅游是引导和规范旅游企业发展的需要

旅游企业逐渐认识到开展信息化和电子商务的重要性，纷纷加大相关投入和建设，变得越来越"智慧"。

旅游主管部门想要更好地服务旅游企业，做好行业管理工作，就必须和行业的发展同步，甚至在管理手段和管理技术上要领先一步。旅游主管部门还应该鼓励和支持旅游企业广泛运用信息技术，改善经营流程，

提高管理水平，以提升产品和服务竞争力。当然，这也需要加强对相关技术和应用的研究，并积极为旅游企业的信息化和电子商务发展提供基础支撑、技术支持和专业指导。

三、智慧旅游是跨行业和跨部门合作的需要

旅游本身涉及多种业态，在行业管理上还需要公安、交通、工商、卫生、质检等部门形成信息共享和协作联动。随着其他部门信息化水平的提高，旅游主管部门要更好地开展合作协作，就需要同时提升自身的信息化水平。很多城市已经开展了智慧城市建设，旅游行业也是其中一个重要的组成部分。结合旅游信息数据形成旅游预测预警机制，提高应急管理能力，做好旅游安全保障工作。实现对旅游投诉以及旅游质量问题的有效处理，维护旅游市场秩序。

第二节 智慧旅游管理的机遇和挑战

一、智慧旅游管理的机遇

（一）有助于宏观调控

现阶段，在我国旅游业发展期间，智慧旅游是一项关乎整体产业未来发展方向的系统性工程，在项目实施期间可以积累丰富的管理经验、收集游客反馈意见等相关资料数据，帮助相关部门探索智慧旅游乃至整体产业结构的未来发展方向，有助于宏观调控与顶层设计工作的开展，

形成管理合力与规模效应。根据智慧旅游发展情况来看，我国先后在北京、武汉、福州、大连等多座城市设立智慧旅游示范工程，鼓励各示范工程相互交流旅游景区的建设、管理经验以提升旅游体验服务质量。最终，根据项目实施经验，树立起总体部署、分步实施、统一标准、资源集约、突出重点及创新机制的发展思路，建立起完善的智慧旅游管理体系。

（二）推动营销管理精准化发展

在传统旅游管理体系中，技术水平受到限制，旅游企业及景区管理机构难以掌握游客的基本情况与旅游需求，所制定的营销方案多以展现旅游资源、突出自身优势为主，对游客缺乏吸引力，很难从激烈竞争中脱颖而出。在大数据时代背景下，凭借智慧旅游管理系统卓越的数据收集及处理能力，可以通过收集旅游平台后台访问记录、游客历史出游记录、营销方案反馈意见、旅游消费内容来掌握游客基本信息、预测旅游需求，针对不同游客群体制定差异性、个性化的营销方案。同时，凭借大数据平台，还可以将旅游酒店、旅游购物公司以及旅游车船公司等产业链企业纳入智慧旅游管理范畴中，根据游客需求，在营销方案中向其提供包含旅游相关产品的一站式旅游服务，这将起到打消游客顾虑、强化营销效果、推动消费方式现代化发展等多重作用。

（三）优化旅游服务体验

在传统旅游模式下，游客的信息来源渠道有限，很难制定完全符合自身需求的旅游出行方案，而是由旅行社兼顾全体游客需求来制定方案。而在大数据时代背景下，随着智慧旅游管理模式的推广实施，可以为游客提供个性化、自主化的旅游服务，起到拓展游客信息来源渠道、合理安排旅游行程、节约人力物力资源等作用。以智慧旅游管理模式中的"四导（导航、导游、导览、导购）"功能为例。首先，依托 LBS 位置服务与电子地图功能来提供智慧导航功能，在地图上标注游客的实时位置，显示到达周边各处景点的最佳路线、预期到达时间等信息，并实时更新地图内容，如显示最近接收的前方路况信息与各处景点排队人数及预期排队时间等。其次，依托电子地图功能来提供智慧导游服务，在地图上显示景点周边产品服务分布情况、旅游团友与平台好友实时位置、酒店剩余房间数量等信息，且游客可以在系统中输入人均消费水平等内容，由系统自动制定旅游方案。再次，依托虚拟旅行、VR 等功能和技术来提供智慧导览服务，根据游客所划定的旅游线路，在屏幕上描述沿途旅游景区/景点的历史来源、发展现状、旅游资源、人文历史等信息，或是将游客拉入虚拟现实场景中沉浸式体验酒店餐馆环境，帮助游客对旅游产品及服务质量有直观了解。最后，基于大数据技术卓越的数据处理能力，在智慧旅游管理平台中接入客房/票务在线预订、第三方网上支付平台等系统，游客可以直接在管理平台中线上购买所需的旅游产品及服务。

二、智慧旅游管理的挑战

（一）旅游业和用户之间存在矛盾

旅游业与用户之间的矛盾一直以来是旅游业所面临的最大问题。受时代的影响，人们的生活质量不断提高，对旅游的服务需求也水涨船高，但是目前旅游业方面的服务却并未发生实质性的质量提升，这种不对等的状况不仅会在短时间内导致用户对旅游的需求降低，长此以往更会让用户对旅游形成负面情绪，不利于整个旅游行业的发展。

这一问题之所以出现，其原因一方面在于传统旅游业给用户带来的负面印象，另一方面则在于旅游业与大数据技术的衔接不当。在传统旅游业方面，过去人们的旅游主要有两种模式，一种是自由独立旅游，另一种则是跟团旅。由于第三产业的规范经营化，大多数景点管理已向有偿化靠拢，这让独立自由旅游正式成为过去式；而跟团旅游则更不必说，大多跟团旅游的起点在于"旅行社"，而旅行社的跟团旅游往往具有最低消费标准，用户的消费才是第一关注点，在用户服务方面却始终处于劣质化阶段，这给用户留下了一个根深蒂固的印象，即跟团旅游就是"受罪"。

这些都是旅游业与用户之间存在的主要矛盾，这些矛盾原本在大数据技术普及以后有机会得到改善，但由于旅游业并未及时把握住大数据背景的发展契机，反而让这些矛盾日益凸显。就目前而言，旅游业与大数据技术的结合主要用于对用户的主动推送，这反映了旅游行业的普遍管理方向，即希望通过大数据技术的主动推送实现量变，无限增加游客数量，从而实现旅游业的整体发展。这种发展虽然能够在短时间内实现经济增长，但却更加激化了旅游业与用户之间的矛盾，为旅游业的日后发展留下了更大隐患。

(二) 基础设施不完善

在新时代运用智慧旅游管理模式，需要高水平的基础信息设施，但在实际的旅游业相关设施建设中，往往缺少对应的信息化基础设施建设。我国智慧旅游发展起步相对较晚，基础设施建设有待优化，尽管大部分旅游景点已经在逐步推进无线网络、实时电子信息警示牌等基础设施建设，但景区内部还未建立起较为完善的信息搜集模式，导致对景区内的信息的整合利用不足，影响了景区服务水平的提升。当前在部分智慧旅游项目中，摄像头、通信基站、智能显示屏等信息基础设施的数量较少、未能得到及时更新，很难在旅游出行高峰期时满足全部游客的服务需求，且管理水平有待提升。

(三) 旅游信息资源的挖掘不够深入

在智慧旅游管理中应用大数据技术需要建立起相应的旅游景区信息数据库，这样才能够根据各个景区之间的差异实现数据共享。但在现阶段，各个景区之间仍未建立起连通性较强的数据分析库，各个旅游景区之间无法充分地进行数据共享，这就导致在智慧旅游管理中对于旅游信息资源的挖掘不够深入，无法定期对景区的实际数据进行有效采集，并且在数据更新上也出现了一定的延迟，影响了用户的实际体验。

(四) 运用智慧管理场景有限

近年来，虽然智慧旅游被一致视为我国旅游业的未来发展趋势，相关旅游部门与景区管理机构纷纷加大对智慧旅游管理课题的研究力度，旨在探索符合实际管理需求的智慧旅游管理模式。然而，智慧旅游理念的提出时间较短，且大数据、人工智能等信息技术尚处于初期发展阶段，缺少经验，智慧旅游管理模式仅在旅游舆情监控、数据分析、旅游营销、过程管理等少数场景中得到落地应用，实际智慧管理场景数量有限。例如，在景区票务场景中，部分智慧旅游项目仍采取传统的人工售票方式，或是在第三方平台上预订景点门票，导致旅游流程较为烦琐，游客很难在旅游出行方案制定期间了解到详尽的景区门票收费信息与相关优惠政策。

(五) 缺乏专业技术人才

相关的旅游服务人员对于信息技术的了解不足。在传统的旅游管理服务中，旅游服务人员对于旅游服务有着较为深入的了解，但是对于智慧旅游管理所需要使用的信息技术了解相对不足，而专业的信息技术人员对于旅游服务的了解也相对较少，这就使得在实际管理过程中信息系统与旅游服务脱节。同时，旅游行业中信息专业人才缺失，而旅游从业人员往往由于自身工作比较繁忙，没有时间系统地学习信息技术，使得信息技术的使用缺少人才保障。这也是影响智慧旅游管理效果的因素之一。

第三节 智慧旅游管理的发展途径

一、完善大数据旅游管理平台

为了实现大数据旅游管理平台的搭建与完善，相关部门应该明确自身职能，充分发挥自身的资源优势，建立支持电脑远程访问系统设置功能的旅游部门管理平台，并在这一平台上对本地区的旅游资源及景区进行实时监控，然后根据景区的经营状态以及对景区历史经营数据的分析，对未来一段时间内景区的运营情况进行预测。如果该地区内的景区发生了事故，这一平台就会及时锁定事故现场，并在最短的时间内将事故的详细信息反馈给相关部门。如景区突发泥石流或山体滑坡等意外事故，平台的监测系统应在监测到事故后尽快确定事故发生位置，并将事故现场的实时图像迅速传给相关部门，以便当地相关部门及时准确地掌握事故现场的实际情况，并在最短的时间内制订施救计划。利用这一平台能够避免事件发酵，提升应对突发事件的效率，也能在最大程度上规避不可控事件对区域内景区造成的负面影响。

想要在现有基础上促进旅游管理水平的提升，加快旅游业的转型步伐，就要树立敢于创新的思想，合理利用前沿科技成果为旅游业赋能，提升旅游管理工作的智慧化水平和开展效率。如网络技术、云技术、传感器技术、射频技术、智能信息处理技术等都能对旅游服务水平的提升起到推动作用。传感器技术能够借助信息化的传感设备，严格依照提前设定好的应用程序，将生活中的许多物品同互联网建立联系，并完成对信息内容的识别、交换和通信，进而实现智能识别、定位、跟踪、监控以及对整体网络的管理。而云计算技术是旅游行业应用最多的旅游信息资源处理技术，可以通过构建一个大型"云池"，完成对大量旅游信息的整合，并搭建起统一的信息查找和使用平台，信息的需求方由此可以获取信息内容，盘活各方闲置资源，在保证信息安全的前提下，使得区域内的旅游信息资源得到合理利用。

二、落实精准化营销服务

信息化进程的不断推进与互联网技术的不断发展为当今人们的出行

提供了极大的便利。游客出行时可通过各旅游网站或者专门的手机软件等完成出行交通工具和酒店的预订，并能够对旅游目的地的详细信息进行查询。然而这类网站的建设开发主体往往为第三方企业，不同企业针对同一景点为游客提供的信息内容和信息量均存在差异。如果信息量不足或出现错误，则会为游客的出行造成不便，影响游客的体验感。除此之外，部分第三方网站存在"杀熟""盲目涨价""捆绑销售"等会对消费者权益造成严重侵害的行为。针对这一问题，可通过落实精准化营销服务，搭建智慧旅游平台来解决。在平台上要为不同的第三方网站设置合理的准入门槛，对各网站或软件的资源进行整合，并根据游客的实际需求不断开发新的功能，对同一景点的相关信息进行搜集、筛选，突出使用价值高、真实可靠的信息内容，并剔除赘余信息内容，提升用户的浏览效率，优化用户的体验。同时，还应与各大景区的实时监控系统进行整合，将实时客流量等时效性较强的数据呈现在平台上，并为不同的游客提供个性化的路线规划服务，满足不同游客的需求。此外，还可以结合游客的历史搜索数据，将其整合到数据库中，利用大数据手段完成对游客兴趣爱好的定位，并适当推送其可能感兴趣的旅游服务，提高服务水平。

第一，当地政府相关部门要明确自身引导职能，为旅游相关企业建设智慧旅游平台提供资金政策以及人才等资源支撑，积极引导相关企业参与这一平台的建设，提升智慧旅游平台的功能性。第二，应该选取区域内合适的第三方旅游服务主体或者满足条件的景区作为这一平台建设与推广的试点，并在使用的过程中发现其中存在的问题，分析成因并逐步解决，实现对智慧平台的完善，为满足不同游客的个性化需求，并充分考虑到不同景区的差异，有针对性地为游客提供交通、住宿、美食休闲、娱乐等方面的旅游服务。在智慧旅游管理模式下，旅游服务的应用结构在不同的景区必然会各具特色，根据不同的景区拥有的不同核心旅游服务，游客可在这一平台上量身定制属于自己的旅游规划，平台也应不断搜集游客的意见，提升服务水平。

三、制定特色出游方案

在大数据背景下，推进智慧旅游管理模式的建设，首先需要重点依据大数据智慧旅游管理平台进行旅游行业内部的信息数据共享，从而提高信息的使用效率。其次，应当充分了解游客的主要出游方式，挖掘游客的需求，以此构建个性化出游方案，实现精准服务，从而有效提升游客的出游满意度。最后，大数据智慧旅游管理模式需要重点发挥个性化服务功能，通过分析用户的数据，为游客提供更具针对性的服务。

四、提升智慧旅游管理人员的综合素养

在大数据背景下，智慧旅游管理模式的建设需要不断提升管理人员的素质水平。首先，当地的旅游管理部门应当积极发挥对于当地旅游业发展的支持作用，吸引更多专业人才参与旅游管理工作。其次，各类旅游企业应当积极与当地高校合作，与高校共同研讨智慧旅游管理人才培养方案，并从高校不断引进计算机或旅游管理等专业的人才，在为高校解决学生就业问题的同时，提升自身人才队伍的素质水平。第三，旅游企业应当重点关注自身的人才培养机制的建设。企业内部应当针对智慧旅游管理模式的建设需要，定期开展技术培训，组织相关人员进行合作

学习，不断加强信息交流，彼此分享信息技术与旅游管理知识，促使团队内部所有人员共同进步。同时，企业还应当积极学习国内外先进的智慧旅游模式，并结合自身的实际情况进行合理应用，以此培养专业化的智慧服务人才，为游客提供更加高效便捷、个性化的旅游服务。此外，旅游企业在人才培养的过程中还应当建立合理的奖励机制，对主动学习并能够将学习成果应用于实践的工作人员提供一定的物质奖励，以此鼓励工作人员提高自身的工作能力，并激励工作人员在实际工作中创新服务方式，让其他人员不断学习，以此提高工作团队的整体素质水平，逐步建立智慧旅游管理模式，从而推动旅游产业健康、持续发展。

五、建设现代化管理团队

为减小人为因素对智慧旅游管理水平造成的影响，需要从加大人员培训力度、调整团队配置两方面着手，建设一支现代化的智慧旅游管理团队。其中，在人员培训方面，分别开展技术型与管理型人员的培训工作，以智慧旅游管理平台的维护、升级改造、开发设计等方面知识作为技术型人员培训内容；以智慧旅游模式的工作程序、方法手段、突发状况处理方法、管理标准、精细化与动态化等全新管理理论作为管理型人员的培训内容，并建立配套的考核评价机制。

第四章　以人为本的智慧景区管理

第一节　智慧景区管理体系

　　旅游景区是旅游业的核心要素、旅游产品的主体成分、旅游产业链中的中心环节、旅游产业面的辐射中心，因此智慧景区管理服务系统是智慧旅游服务体系中的重点建设内容。智慧景区就是通过传感网、物联网、互联网、空间信息技术的集成，实现对景区的资源环境、基础设施、游客活动、灾害风险等进行全面、系统、及时的感知与精细化管理，提高景区信息采集、传输、处理与分析的自动化程度，实现综合、实时、交互、可持续的信息化景区管理与服务目标。

一、景区综合管理系统

　　景区综合管理系统主要实现对经营资源、景观资源、物业资源的管理，涵盖经营资源管理、资产管理、财务管理、自动化办公、景区商户经营、物业管理、环境保护、后勤管理、智能调度、设施维护、景区商户管理等方面，利用流程控制与预警机制以及数据共享机制，实现科学高效的资源经营和服务管理。系统作为景区数字化信息的控制和调度中心，为电子门票、电子门禁、监控管理、电子巡更和电子导览等系统提供数据支撑和应用整合，实现景区的信息化管理（自动化办公、数字财务管理、商户信息管理等）、景观资源的管理和保护（自然环境监测、文物古迹信息化管理、生物资源保护、虫害防治等）、后勤管理（交通管理、线路管理、应急管理等），以及停车场管理等的系统化管理。

二、电子门票和电子门禁

电子门票和电子门禁系统解决了传统人工售票和检票带来的速度慢、票务漏洞多、出错率高、劳动强度大等问题，以当代数据技术与通信技术为基础，建立景区门票预售制度，游客可通过门户网站、第三方预订平台在线预订和购买景区门票，系统能将游客量控制在最大承载量范围内。在景区配备手持移动终端设备或电子门禁，通过二维码或身份证等自动识别检票、放行，条件较差的景区可配备自助售票终端。实现智能购票、智能检票以及门票信息的智能记录、统计、管理，可以方便游客提前购票，降低景区人工成本，减少生态环境压力，实现景区实时监测客流量和管理游客信息。

三、景区门户网站

景区门户网站是游客了解景区信息的重要渠道，该网站主要以服务游客为目标，通过图片、视频、电子地图、虚拟旅游等方式展示和提供景点风光、旅游资讯、人文风情、景区信息查询、旅游纪念品、旅游行程规划、周边住宿、交通导航、通知公告等内容和服务。并设置景区微博、微信二维码、政府网站等相关网站的链接信息，方便游客获取信息。发展成熟之后，还可开通景区门票、旅游纪念品的网上预订、支付功能。

四、动态信息发布

系统主要由 LED（发光二极管）大屏显示系统、电子触摸屏、语音广播系统组成。在景区入口和主要路段设立 LED 显示屏、触摸屏等电子信息发布与引导设备，提供旅游信息展示和自助查询检索，配合语音广播系统实时播报信息，内容包括景区当前客流量、环境质量、交通压力、旅游专用交通工具空闲情况、紧急状况等。

LED 大屏显示系统由数字化指挥中心控制，用来发布相关信息，包括景区景点介绍、交通信息、停车场信息、景区运营信息、景点客流量信息、气象资料等综合信息，以及景区旅游服务资讯、公益宣传、景区推介宣传、景区交通、住宿、医疗救助信息等。电子触摸屏提供景区概况、重要景点的声像资料、相关人物、故事的音像资料、旅游线路的选择、旅游产品的推荐、景区内服务设施说明等信息的查询和阅览，具备旅游信息反馈功能和政府信息发布功能。语音广播系统用以播放背景音乐、日常信息、紧急情况和警报等，并实现分区广播、呼叫、预录信息与监听。

五、自助导游讲解

自助导游讲解系统包括无线接收和讲解器两种方式。无线接收方式利用景区无线信号的全覆盖，对进入景区的游客发送自助导游应用程序链接，游客通过手机下载应用自助导游 App，在电子地图上定位游客当前位置，自动播放景点的相关内容，如故宫、颐和园等景区均采用此种方式。讲解器屏幕上有多个数字键及播放、停止和语言选择等操作键，游客根据景点所对应的数字编号，按下讲解器对应数字，自助 App 就会通过数码录音播放景点解说词。景区可根据自身资源条件、技术支撑、资金状况等具体情况确定自助导游讲解方式的选择。未来的自助导游讲解必将是自助导游软件的全面替代，从调研问卷统计结果可以看出，游客在此方面的需求较强烈，但是目前的服务差强人意，在内容、形式和覆盖范围上都需要进一步改进，如加深文化知识的讲解，采用背景音乐、视频等丰富多样的形式，保证讲解内容覆盖全部景点，关注游客的需求变化，持续提供细化服务。

六、客流引导控制

系统根据实时客流量统计信息，实现对景区客流的有效疏导，以达到各景点客流量均衡。当某一景点超出容量时，系统将会通过闪点指示发出警告，在此景点利用 LED 显示屏和景区分区广播发布信息，引导游客前往其他景点，达到游客分流目的，减少环境压力。

七、安全防护监控

系统利用景区 GIS 地图管理和视频监控中心实现对景区各点各区的远程实时监控，以便及时了解各类安全情况，如发生自然灾害及事故，会第一时间进行相应处理，以动态保护景区资源，科学管理旅游秩序。系统具有定格抓拍和远程监听，以及历史录像的随时调用的功能，加入手机移动监控功能，可以实现与现场人员的实时对讲与交流。在景区各点设置适当数量的报警柱，其上配备应急报警按钮、语音对讲按钮以及摄像头，与监控系统结合，能够在突发情况或危急情况时，及时传达信息，实现应急求救，打造平安景区。同时系统具有自动维护巡检功能，在夜间分批次对景区的闸机、公共摄影、公共智能广播、自动贩售设备等服务设施进行数据提取、故障监测、自动关机、自动重启、自动还原初始等，无法自动修复的问题会自动上报并统计备案。

八、虚拟旅游体验

通过三维建模仿真技术、三维实景等技术，建成可在景区门户网站、景区触摸屏、智能手机等设备上应用的数字虚拟景区，游客在系统中自行选择路线游览景区；可将游戏情节、历史文化、民俗风情、传说典故等融入其中，展现景区的自然风光和人文历史特色，带来身临其境的真实的全方位体验。在此基础上，将景区及其周边酒店住宿、餐饮美食、交通信息等旅游要素的相关信息融合进去，可以查看到对应的购票处、纪念品售货点、酒店、餐馆，休闲娱乐等信息，用户可通过地图展示，直接跳转到对应点位的页面，进行订票、订餐、订房、预订商品等。为游客提供经验交流、旅游攻略分享、周边信息推荐和预订等互动平台，提升和丰富游客的虚拟旅游体验。

第二节 智慧景区以人为本管理理念的具体实践

智慧景区建设是以数字化为基础，借助互联网、移动互联网、物联网等现代信息技术，建立景区的旅游数据库和信息共享交流平台，实现旅游营销、经营、管理、服务全过程的数字化、智能化、立体化、互动化，以适应"旅游大众化、出行散客化、服务个性化、营销网络化"的发展趋势。

智慧景区包括通信网络、景区综合管理、电子门票/电子门禁、门户网站/电子商务、虚拟景区/虚拟旅游、游客服务和互动体验、智能导览、旅游咨询信息发布等内容。智慧景区的中控中心或指挥中心应当设置在游客中心。游客中心应当有专门的一个仅供员工进入的中控室。中控室岗位应当设置至少1人。

一、智慧景区基本系统架构

从下到上，智慧景区建设可以分五个层面。

（一）基础设施层

基础设施层包括中心机房、网络设备、安全设备、服务器、存储设备等基础设施，为智慧景区的上面各层提供运行环境。

（二）数据支撑层

数据支撑层主要由各类数据库及数据仓库组成。为各业务系统提供必要的数据及数据分析统计支持。

（三）应用支撑层

应用支撑层主要由功能单一、产品化程度较高的服务单元组成，提供一些通用的服务构件，如用户及权限管理、统一消息管理、数据交换中心、知识库等。

（四）应用层

作为业务处理的核心，应用层提供面向业务服务的功能系统、集成的信息互动系统，包括景区服务及监管应用、行政管理应用、商务营销应用等。

（五）展现层

作为信息数据的表现形式和管理形式，展现层为用户提供使用平台的各类信息。而游客中心的指挥中心则是展现层集中体现的地方。

二、指挥中心功能

指挥调度系统建立在基础支撑平台和数据仓库上。系统的功能按照不同的用户群体分为以下四大块。

（一）应急联动指挥管理

应急指挥核心管理模块。主要核心功能是应急资源管理、应急预案管理和应急事件处理。应急资源管理主要负责管理应急人员以及应急设备等资源的管理；基于这些应急资源，应急预案可以根据不同的分级制定不同的预案方案，并配置不同的应急资源，建立预案与资源的关系；应急事件一旦进入启动流程，并且有了应急等级的认定，对应的应急预案就会启动，并将相关的应急资源联动在一起，由相关的部门负责处理。确定各职能部门或者街道相关工作人员在应急联动中的主要操作使用功能，参与相关应急事件的处置和反馈。

（二）大屏幕信息发布

应急中心大屏幕利用 GIS 平台、视频会议系统等功能，并在此基础上，结合资源定位、监控视频、了解突发事件的最新动态，实现指挥调度联动监管动态界面。根据对突发事件的分析，建立区域热点警示图，对区域内的事件进行预警预报。对突发事件，涉事人员、地点进行快速、准确的地址定位。对与突发事件处理相关的各类资源进行快速的查询与分析。利用指挥调度中心大屏幕，对事件的时空分布和发展趋势进行分析。以 GIS 地图为背景，实时、动态地发布最新的事件信息。

动态数据显示。对于指挥调度平台最关心的客流、道路情况的相关数据在系统中进行显示。显示数据来自本系统及相关业务系统。指标如下。

路况信息：从园区管理系统获取路况信息。

区域客流密度信息：从视频监控系统获取的区域密度信息。

各类情况投诉量和处置量：数据从咨询投诉系统获取。

各类相关最新信息：从信息共享系统获取。

应急突发事件信息：从应急指挥系统获取。

（三）多媒体展示

借助 GIS 系统、虚拟现实和现代多媒体等多种技术，采用视频、声频、图片、文字等形式，利用声光电来展示景区的主要景点。

其主要功能包括多媒体文件管理、终端设置、终端信息展示方案配置（包括所需多媒体文件列表配置、展示顺序配置、数据同步方式配置等）、数据同步、虚拟景区、应急广播。

（四）景观导览

景观导览系统可以通过播放文字、语音、视频等方式将景区的服务内容和景点介绍展现给游客,为游客提供智能化的自助服务,引导游客便捷游览、合理消费。

1. 便携式电子导游机

定制符合智慧景区要求的便携式电子导游机,支持文字、语音、视频等多媒体格式。游客支付一定的租金,借助便携终端的讲解服务进行游览,结束后归还。在景区部署物联网感知点的基础上,当游客走进该景点时,导游终端自动提示播放该景点的讲解词。导览设备具备选择讲解语言、自动感应播放、按景点选择播放等功能。具有"因人施讲"的特点,不同层次、不同年龄的观众可选择不同的讲解版本。便携式电子导游机提供以下服务。

①用户管理:可有多级不同权限用户,管理员可实时分配配置权限,并管理用户行为情况,用户设置,密码设置,权限管理。

②景区及景点信息维护:可以根据用户需求更新维护所有的景区、景点的文字、图片内容。

③便携语音导游终端租用管理:可记录便携语音导游终端使用信息,有按时按不同类别用户的统计功能和输出各类统计表格的功能。

④自动感应讲解:游客走到一处安装过标识识别的景点,设备可自动感应并自动讲解,播放景点介绍信息,而不受旅游线路的限制。

⑤自动定位导航:可以进行定位并自动识别行进路线,同时自动向游客提示位置信息。

⑥多语种支持:可以提供多语种的讲解内容,对已制作完成的语音可上传,以满足不同国籍游客的需要。

⑦提示归还功能：如果游客忘记归还设备，在经过出口时，设备会通过语音提示来提醒游客归还设备。

⑧系统数据自动备份功能：按照管理要求实时生成数据备份。

2. 触摸屏、网站添加导览功能

在景区出入口、游客服务中心等重要位置，设立触摸屏等交互式导览设备，通过全景图、导览图、引导牌、介绍牌等类型，为重要景点配上标准的文字、语音、视频介绍，供游客浏览。同时，提供公共服务及配套服务等信息，根据景区资源的分布提供线路向导服务。公共服务包括出入口、游客服务中心、停车场、卫生间、医疗救助点、咨询投诉点、安全预警、友情提示等；配套设施主要有购物、餐饮、租车、租船等游客游览过程中涉及的经营性项目。在景区官方网站上，也可以提供主要景点、公共服务及配套服务等导览信息，供游客点播或者下载。

三、咨询投诉

通过景区内的触摸屏多媒体终端，游客可以查询景区相关信息，进行咨询和投诉。游客也可以通过电话、网络等进行咨询投诉。建立景区的旅游咨询投诉的统一受理、处理、跟踪以及结单工作系统，其主要功能包括咨询投诉提交及受理、咨询投诉任务分配、咨询投诉处理及反馈、咨询投诉满意度评价、咨询投诉结果公示。

游客中心的便民服务（物品租赁、医疗救助、失物招领、物品寄存等）也应由负责人（如咨询员）登录进入景区的"智慧景区"信息系统进行操作。系统具备知识积累功能，能形成相应的园区对外服务知识库，为服务人员提供支撑。同时，系统可与游客进行信息交互，通过多媒体展示、景区网站等发布各类便民信息，也可向游客发送便民短信。

四、满意度管理

将游客满意度作为衡量景区业务持续发展潜力的一个重要指标，通过了解和掌握游客的满意度状况，促进景区的可持续发展。

景区满意度调查包括景区整体形象、景区服务水平、旅游质量总体预期、旅游过程服务质量预期、交通、餐饮、住宿、购物、娱乐、景点、旅行社服务、导游服务、旅游公共服务、旅游价格、未来重游可能性、推荐亲友来此旅游的可能性等内容。

（1）景区满意度评价体系

①游客评价：通过市场调研、网上投票等方式，按照散客和团队游客类别，全面收集景区满意度评价信息，包括景区形象、游客预期、游客感知质量、游客感知价值、游客满意度、游客建议、游客忠诚度等。

②企业评价：收集景区及相关旅游企业的服务自我感知信息。

③监管部门评价：收集游客投诉、定期服务质量检测、重大服务质量事件等评价监控信息。

④经营绩效评价：通过景区各业务系统收集景区营收、投资等方面的信息，从中提取用户满意度评价。

（2）满意度管理提供的功能

①游客满意度调查：可进行批量的游客满意度调查，并统计和记录调查结果。可通过景区网站的网上调查栏目或通过移动客户端来发布和收集游客满意度问卷。

②游客满意度信息汇总：对从各渠道收集到的游客满意度信息进行汇总，这些信息也包括来自景区的一些业务系统，如咨询投诉系统的游客满意度记录。

③游客满意度信息分析：按照一定的数据分析模型，对收集到的游客满意度信息进行分析。景区可以很方便地掌握游客满意度状况，及时发现游客的不满，并提升服务质量。

五、网站及虚拟景区

（一）景区网站

作为景区重要的对外窗口，主要为游客提供各类信息服务，也是其他一些应用系统对外的信息展示平台，包括景区信息浏览和查询、线路景区网站推荐和行程规划、景区推介、交通导航、互动交流等功能。网站至少应包含以下栏目。

①新闻中心：用于发布景区活动公告、景区新闻、旅游快讯等热点新闻。

②景区介绍：介绍景区的线路推荐、景区票务、饮食住宿、美食等信息。

③景点展示：介绍各景点的文化背景，并结合图片、视频，展示各景点的美景。

④主题活动：介绍景区各项主题活动，展示人文风采，提高游客来园意愿。

⑤文化展示：文化专区展示，彰显景区文化底蕴。

⑥传统民俗：展示传统民俗，并结合特色商品推介。

⑦风景图片：景区四季特色风景展示。

⑧精彩视频：游客体验与精彩主题活动展示。

⑨链接：相关政府网站、行业网站及合作伙伴网站链接。

⑩交互：网站交互包括实名制用户中心、在线客服、评论、短信微博交互、网上调查等。

⑪全站搜索：可对网站全部内容信息进行搜索。

（二）虚拟景区

虚拟景区是在现实旅游景区基础之上，通过实景三维的呈现方式，三维立体、细致逼真、生动地在互联网上展现景点的风光风貌，可以吸引更多的潜在消费者加入旅游的行列。通过室内采集系统获取景点原始图像，再通过街景数据拼接技术进行图像处理，将分别来自多个摄像头或相机的普通照片拼接成360°全景照片，将这些全景照片与景区地图关联后进行发布。

虚拟景区系统可导出视频，引入网络。用户可以在网上浏览景区实景。还可以借助影像重构技术，复原景区的经典故事，使游客身临其境。通过三维仿真数据，模拟人的视觉体验，转化为环视快照式影像数据，并且每个角度的数据分为低、中、高多种分辨率，重构为几百张图片，通过不同客户端的同源数字多媒体服务，以影像形式在手机、电脑等终端上和用户进行互动。

虚拟景区还可以与电子商务相结合。在景区预订方面，传统的模式是"先买票，再看景"，在游客体验上还存在一定的不足。而如果将所有景区的实景让用户通过互联网的平台，在订票前就可以先在网上游历一番则可以丰富旅游体验。与传统的景区相片相比，实景具有生动性、真实性的特点。

六、电子商务

基于信息技术的电子商务对传统旅行社的业务范围、经营方式等产生了变革性的影响。虽然在一定程度上电子商务对传统旅行社造成了巨大的冲击，但是它在降低运营成本、满足游客个性需求等方面对传统旅行社具有很大的应用价值。同时，作为智慧旅游的重要组成部分，电子商务建设势在必行。电子商务主要包括线上旅行社、合作网站网络售票整合、酒店饭店管理和旅游商品购买四大部分内容。

（一）线上旅行社

作为景区的电子商务平台，可供游客在线订购景区门票、酒店/饭店、旅游商品等。网站以实时预订为导向，提供明确的旅游产品信息、价格，可实时确认订单。具体满足以下要求：支持注册用户预订、无注册预订和快速预订等；支持单项旅游产品预订和多项旅游产品打包预订；支持根据不同产品设置是否需要全额支付或部分预付等；支持多种在线支付手段；⑤支持多种结算及多渠道分账。

游客通过电子商务平台进行门票预订及购买，具体分散客购票及旅行社预订购买两大类。

散客购票须先注册会员；登录后，填写身份证信息、联系电话，选择所购票型、数量、入口、预计到达时间等；后通过在线支付平台，提交票款；网上售票平台确认后，通过手机信息功能，将电子门票（二维码门票/订单号）发送到游客手机。旅行社购票须是景区分销商；会员登录后，填写团员身份证信息、联系电话、选择所购票型、数量、入口、预计到达时间等；选择支付方式（可以是付现，也可以采用分销商签单）；网上售票平台确认后，通过手机信息功能，将电子门票（二维码门票/订单号）发送到游客手机。

（二）合作网站网络售票整合

从纸质门票到电子门票，这是智慧旅游的一大特色。游客只需在电子商务网站在线购买景区电子门票，购买成功后，网站便会将二维码发送到游客手机上，届时游客只需要在景区门口刷码入园。这已经成为国内许多景区通用的电子商务模式。

然而，随着后续有合作关系的旅游电子商务网站的增多，每家网站都有一套独立入园终端，互不兼容。景区每和一家网站合作，就必须在门口安装一台对应的二维码机器。这种情况在加大景区检票人员工作量的同时也无形中增加了游客的入园时间。

为此，需通过技术手段将各大旅游网站的网络购票系统整合到景区的电子商务平台上。游客无论在哪个网站购票，收到的都是景区电子商务平台统一发放的二维码，游客凭借这一二维码在景区通过同一台机器刷码入园。

（三）酒店或饭店管理

游客通过电子商务管理平台预订与景区签约的酒店/饭店，享受相应的折扣及积分，方便游客出游。具体功能包括：酒店/饭店介绍、等级筛选（根据星级、价格、区域、特色等）、可预订信息展示（房间类型及数量、饭店包厢及座位）、预订等。

（四）旅游商品购买

电子商务平台展示景区特产及纪念商品，以供游客预订购买，旅客可以享受网上优惠价格及积分累积。游客在浏览商品信息时，主动显示特色商品信息、价格、上架时间等信息。对于感兴趣的商品，游客需要确定购买的商品数量、选择结算方式进行商品购买，通过购物车管理可以同时购买多个商品，并对已选商品进行删除等操作。

第五章　智慧旅游背景下旅游管理人才培养实践

当前，智慧旅游发展相关的物联网、云计算、大数据已经基本完善，制约智慧旅游发展的因素主要集中在人才上，智慧旅游的发展需要复合型、应用型、创新型人才。

第一节　智慧旅游对人才的要求

智慧旅游并非旅游业与信息技术的简单结合，而是倡导以游客的互动作为核心内容，构建差异化的旅游管理、旅游服务、旅游营销模式，这对于人才的能力、知识、素质等，都提出了全新要求。

一、扎实的信息技术素养

在智慧旅游中，主要是利用互联网和计算机技术实现信息的流通，与传统的旅游信息收集是有区别的，另外，智慧旅游和当下的电子商务也有很大的区别，它除了通过互联网及计算机技术展现旅游概念和风景信息之外，还在旅游服务上进行智慧的定义，也就是在旅游产业中引入智能化服务概念。所以智慧旅游更加注重旅游人才信息技术方面的素养，这是旅游信息化的最高阶段。按照美国相关的管理规定，针对学生培养条件来看，在智慧旅游概念的基础上，新型的旅游人才培养内容涵盖了：在遵守社会公德和法律的条件下能够通过计算机获取相应的信息，并懂得使用相应技术，在互联网条件下实现新的沟通交流模式；在办理旅游业务过程中，能更有效地收集到相关信息，并根据智慧旅游的信息需求，对旅游信息的种类进行归纳；在互联网基础上，通过相应的技术解决在旅游过程中所遇到的困难，并能带动旅游产品的消费，促进市场经济的发展。

二、对于新设备运用能力的要求

现在，在智慧旅游的发展过程中，不仅需要相关技术的支撑，更需要相应的人才支撑。对于智慧旅游来说，其所包含的内容是与当下的科学技术相一致的，并且在管理以及服务领域营销等各个方面也都与当下的科技发展相一致。比如在智慧旅游景点中，其景区以及酒店等相关建筑都通过电子设备相关联，可以通过社交平台了解到相应的信息，还可以进行有效的营销活动，这些都需要科学技术人才的支撑才能实现。因此，了解及运用新兴技术设备进行管理、服务、营销，是智慧旅游背景下的人才培养战略应该包含的内容。

三、对创新能力的要求

在旅游发展中，创新是其发展的关键因素，而在智慧旅游的背景下，旅游企业在经营模式中所做的改变，是为了适应市场的变化，并根据消费者的需求，提供相应的服务以及旅游体验，进一步推动消费者的消费实力；同时优化旅游资源的结构，保证旅游形态与当下的社会变化一致；

另外，在传统服务的概念基础上，实现个性化定制服务，融入创新的理念，体现人性化的服务模式，让消费者切实感受到智慧旅游的优势以及高质量。此外，针对智慧旅游的营销模式来说，除了创新理念，还应该利用相关的技术，挖掘消费者的喜好和需求，满足消费者的消费欲望，利用智慧旅游的平台，提升消费模式，并将旅游产品通过智慧旅游平台进行推广，提升其品质，开展实时有效的营销活动。

四、对综合能力有更高的要求

智慧旅游推动了旅游业的多元化发展，从而产生了多类旅游产品，如养生、探险等旅游产品的出现，要求旅游专业的人才进行多方面的学习。新兴的旅游电子商务人员、旅游项目策划师等岗位的出现，对传统的岗位要求也产生了新的素质和能力要求。所以这要求相关人才在学好旅游专业的课程之外，还要去跨专业地学习新旅游产品的专业知识，这样才能在进入工作岗位以后，满足游客的个性化需求。

第二节 旅游管理专业人才培养中的问题

一、课程设置及教学内容急需调整

通过对旅行社、酒店、旅游景区等旅游企业的走访，发现目前大部分旅游企业对旅游人才的需求都发生了巨大的变化。智慧旅游的发展对传统旅行社的冲击较大，未来旅行社传统的业务将以线上为主，这就要求旅行社的从业人员不仅有较强的旅游专业技能，还应拥有计算机操作技能及电子商务知识等。但目前大多院校旅游管理专业的课程设置基本上由通识模块、专业核心模块及社会实践模块等组成，教学内容多以导游证资格考试的专业课程及导游讲解的实训课程为主，真正涉及的旅游信息化技术及旅游网络营销的课程及教学资源严重匮乏。

在智慧旅游背景下，旅游企业对人才需求有了较大变化，旅游管理专业人才不仅需要具有较强的专业理论知识，还需要具有更多更广的信息技术知识。为此，旅游管理专业的人才培养模式需要变革，不能仅仅停留在传统的管理领域，必须向信息技术领域拓展，实行更加多元化的人才培养模式，以适应新时代发展需要。

二、学生旅游信息化的职业能力有待于提高

众所周知，智慧旅游依靠的是信息技术，它的发展离不开专业技术型人才。因高职院校的实训室设备及旅游软件不够完善，无法保障旅游信息化课程的正常开展。同时，旅游专业教师缺少相关的智慧旅游从业经验，使得一些旅游信息实训课的教学工作达不到理想的效果。学生的计算机操作水平及旅游软件操作水平有限，有的学生对办公软件的操作都难以掌握，对旅游信息化软件等操作更是难上加难。

三、产教缺乏深度融合

目前的校企合作模式多为一次性输出，即旅游管理专业的学生在毕业实习阶段进入旅游企业实习，且实习岗位有限，多为导游、计调、景区从业人员或酒店服务人员。从事旅行社微信营销、智能交易及线上运营的实习岗位偏少，这在一定程度上影响了学生对智慧旅游所需技能的

掌握。同时，高校旅游管理专业与企业在智慧旅游方面的合作不够深入，产教融合模式值得探索，校方未能建立具有专业特色，并且和智慧旅游行业对接的校外实践教学基地。

四、实践教学与智慧旅游企业所需的技术未能实现良好对接

近些年，国内大多数旅游管理专业在实践教学方面一般都会按照教育部要求统一集中组织酒店实习半年和两次集中组织赴旅游景区见习。此外，还会组织学生前往旅行社、景区、酒店等实习基地参观、实践。但是，专业实习与见习实践主要集中在酒店、旅行社、旅游景区，未能与较多旅游企业进行合作，缺乏多元化实习平台。同时，因缺乏行业经验丰富教师的指导，实习实践教学工作往往流于形式，学生未能较好地将理论结合实际、学以致用、融会贯通，不能获取专业经验或是专业技能，也无法切身了解旅游企业在实际工作中所应该具备的专业知识和技术。

五、师资队伍较单一，双师型、智慧型教师欠缺

国内大多数旅游管理专业教师队伍学历、职称、年龄结构都比较合理，但是在现有教师队伍中的教师几乎都是传统学科毕业，信息技术、新媒体应用等专业结构的较少。因而，为对接智慧旅游发展，需要一支双师型、智慧型教师为其提供智力支撑与人才保障。

第三节 智慧旅游人才培养策略

一、转变人才培养观念，培养非同质化人才

教育人员在进行课堂实践的过程中，要树立创新实践意识，以市场实践为主，培养学生的综合素质和专业能力，从而最大限度地集中优质资源来促进人才培养质量的提高。当然，旅游管理专业的教育者还要认识到智慧旅游并不是旅游行业发展的最终目标，随着旅游行业的日新月异，旅游业教育理论与市场发展规律也一定会出现新的变化，因此，教育者还必须具备一定的理论前瞻性。另外在教师的选拔方面，为了提高高校旅游管理专业教育理论的时代创新性，最好邀请国内知名企业的老总和旅游管理者来为学生授课，使当前智慧旅游背景下旅游市场发展过程中的先进理论能够流入课堂，提高学生的学习兴趣和综合素质，使其在智慧旅游工程发展过程中能够真正将所学知识运用到实践中去，实现其职业价值，从而提高旅游人才资源的利用效率。

二、通过多元化平台，加强校企合作

高校旅游管理教育千万不能脱离市场发展的大潮，要学会从市场中求发展，求创新，求突破。只有这样，才能使智慧旅游之光真正照进学生、教师的心中，才能使学校转变教育风气，从而走向创新之路。因此，可以采取校企合作的方式来对旅游管理人才进行专业定向培养，通过企业建立旅游管理实践基地，为学生的实践创新能力的提高奠定坚实的基

础，使学生既能够接触到当前旅游市场发展的先进理论，也能够开阔眼界，拓展思路。企业为学生的实践活动提供相应的平台，让学生更了解实际工作，并全面感受旅游工作的实质性内容，使学生获得真实的职业经验，方便今后工作过程中问题的解决。另外还要邀请企业内的优秀旅游管理者定期到学校进行旅游经验指导，通过演讲，座谈会等方式将企业优秀管理者的经验传播给学生，从而使学生掌握更多的实践技巧。尤其在智慧旅游背景下，旅游行业的发展非常注重从业人员对网络技术和信息技术的掌握，因此旅游管理者和学校旅游管理专业的教育者要准确定位，把握智慧旅游发展中最核心的问题，通过对这些问题的解答来增强学生对旅游行业及智慧旅游创新的理解与把握，从而使学生尽早适应未来旅游产业的高速发展。

另外，在与学生交流的过程中，旅游管理者和高校专业教师要多以实例为佐证，通过对实例的探究阐述来增强学生对智慧旅游概念和规律的把握，这对于指导学生的专业学习也是非常有帮助的。

三、优化课程结构，科学设置课程

优化课程结构，科学设置课程是旅游管理专业发展的关键所在，不仅关系着学生学习能力及实践创新能力的提升，也关系着我国智慧旅游发展的速度与进程，旅游业要求学生具备多方面的综合素质，因此学生在学习专业知识的过程中也必须接触到当前市场发展的先进理论，例如网络技术，信息技术等，只有打好基础，才能在未来的工作中熟练地运用基础网络工具来实现智慧旅游信息化处理，所以高校一定要在课程设置方面多下功夫，不仅要有针对性而且要争取做到全面培养，对当前我国旅游管理专业的课程结构进行进一步的改革创新，例如多开设网络技术，计算机等选修课程，这些都是智慧旅游发展创新中对从业人员提出的最基本的素质要求。另外，高校还要对课程设置进行充分的细化，当前旅游业发展迅速，尤其是智慧旅游时代的到来，对于旅游行业的专业性要求更高，很多旅游领域被纷纷细化，形成了不同的学科分支，因此，高校人才培养模式也要顺应智慧旅游创新发展规律，通过人才的精准化投放、精准化培养来提高人才的利用效率，从而推动我国智慧旅游行业的进一步发展。

四、加强智慧型、双师型师资队伍建设

智慧型、双师型师资队伍是对智慧旅游人才培养的有力保障。为适应、匹配智慧旅游对旅游管理专业人才的更高、更新要求，迫切需要建立一支能够支撑智慧旅游发展的"智慧型、双师型"师资队伍。

一方面要"引进来"。一是采用校内资源共享，请校内计算机专业教师担任一些智慧旅游类课程教学工作，进行专业指导；二是根据培养目标与专业发展，引进一些专业计算机技术、大数据分析、智慧景区管理、信息管理等技术类的智慧型专业教师；三是建立相应的人才聘用制度，让业内知名专家和行业经验丰富的老前辈组成兼职教师队伍，成为师资的有益补充。在这些教师的带领下，积极探索课程改革，利用微课、慕课、翻转课堂等新兴的教学模式与方法驱动教学，普及智慧旅游最新资讯，以激发学生的学习热情，加强学生的旅游职业意识，增强他们的实际工作能力。

另一方面要"走出去"。加强旅游管理本专业教师的信息素养培训，鼓励他们积极参与各类信息技术相关培训，同时鼓励他们积极到相应的旅游企业进行兼职、培训等，强化他们的智慧旅游理论学习。

第六章　智慧旅游管理平台

第一节　智慧旅游管理平台概述

一、智慧旅游管理平台的含义

智慧旅游管理平台是指智慧旅游目的地旅游行政管理部门在对目的地旅游信息进行搜集、整合的基础上，借助互联网、云计算服务、数据挖掘、二维码、移动通信网络、传感器、地理信息位置服务等技术手段，针对不同管理业务打造的具有针对性的管理平台。该平台具有复合性的功能，既实现对旅游目的地的智慧管理，又实现对旅游行业的智慧监督和对旅游安全的智慧保障。

旅游行政管理部门通过智慧旅游平台获取精确的景区旅游资源信息，提高旅游行业的管理水平，宣传当地旅游产品，带动当地的旅游业发展。智慧旅游体系在政府管理部门的应用主要表现在信息门户网站建设、智慧行政办公及应急智慧等几个方面。智慧旅游平台指标主要包括导向平台，体验平台，服务平台和反馈平台。导向平台，顾名思义具有导向、指引的功能，通过游客对相关信息的查询或通过实时的客服咨询服务，它可以帮助游客实现旅游产品的选择，行程的设定、预订、付费等；体验平台,将图片、声频、视频等多媒体元素融入这个平台中,不仅可以使游客对于景点的特色有了进一步的认识,也可以极大地激发游客的旅游热情和积极性,促成其旅游之行;服务平台,以游客的需求为前提,以实现最佳的旅游体验为目标,将服务意识贯穿于整个智慧旅游平台;反馈平台,该平台是四个平台中不可或缺的一部分,是旅游企业与游客交流互动的平台,旅游企业可以根据游客反馈的信息,及时地更正、改进工作中的不足,提升旅游服务质量,拓展旅游业务。

构建智慧旅游管理平台,应注重动态、可扩展地接入多种应用终端和传感节点,融合多种服务系统,并提供旅游景点的智慧营销、智慧导游、智慧导购、交易结算、智慧管理、信息资源管理等基础应用服务,以及和旅游相关的其他行业的增值类应用服务,同时为其他涉旅企业提供平台支撑的开放性业务。

二、智慧旅游管理平台的设计需求分析

(一) 系统管理者需求分析

在互联网技术的发展下,旅游管理需求越来越多,同时,服务质量也需要提高,旅游系统管理者的需求分析如下。

1. 发布旅游信息

管理者通过互联网以文字、图片以及视频等形式宣传景区景点,并随时进行信息更新。

2. 日常管理维护

管理者通过系统显示,对景区游玩设施、景区景点位置、景区卫生

等进行管理和维护，进而为游客提供优质的服务。

3. 分析旅游信息

通过大数据显示的游客信息和旅游情况，及时分析未来的旅游趋势，合理安排游客旅游。

(二) 游客旅游需求分析

在旅游管理系统中，游客是主体，游客需要了解景区的情况，并且需要通过手机、电脑、平板等网络设备进行旅游信息查询，如旅游路线、车票订购、酒店预订、景区门票预订等，从而做好出行安排。

三、智慧旅游管理平台的价值

(一) 提供社交网络服务

将移动互联网技术应用在智慧旅游管理平台构建过程中，可以加强用户黏性与体验感受，在智慧旅游管理平台中会设有在线社交功能，受移动互联网技术的支持，游客可以将实时状态、图片、视频等进行发布，与他人形成资源共享，进而形成完整的社交网络。

(二) 提供位置服务

使用移动互联网技术后，智慧旅游管理平台可以为游客提供位置服务。可以通过移动运营商提供的网络外部定位方式，对移动端用户的实时位置有效获取。基于 GIS 技术基础上，还可以为用户提供增值的服务。将移动互联网的位置服务功能应用在智慧旅游管理平台中，可以将 GPS 与 GIS 智能定位技术相整合，游客可以将自身的旅游实时动态在平台中进行发布，旅行社可以使用智能移动终端对游客进行定位与跟踪，若旅行团遭遇突发事件，可以立即提供救援与帮助。旅行社还可以向游客提供景区周边的各种信息，如酒店、商场、餐馆等，充分满足不同游客群体的多方面需求。

第二节 智慧旅游管理平台的设计与构建

一、智慧旅游管理平台系统层次设计与构建

(一) 系统层次设计

在智慧旅游管理平台中可以设计4个层次。

1. 感知层

在感知层包含各种终端设备，如手机终端、触摸屏终端、PC端等。

2. 网络层

网络层可以将终端设备与系统服务端中的数据进行传输，还可以实现通信功能。

3. 数据处理层

在数据处理层中包括服务器与数据处理中心。数据处理中心可以将综合数据进行储存，之后传输到服务器中对数据进行分析、处理、使用、输入之后，传输到客户端。

4. 应用层

应用层可以对不同对象提供应用功能，如导游、游客、旅行社等。

（二）系统开发架构设计

智慧旅游管理平台的主要使用对象包括监管部门、涉旅企业、游客等，在设计过程中，将使用主体作为基础，构建了智慧旅游管理平台Web（World Wide Web 万维网）终端、Android（安卓）移动终端等多种终端应用。智慧旅游管理平台采用了浏览器和服务器结构为设计模式。在对 Android 移动终端进行开发时，使用了跨平台的自由集成开发环境技术，将 GIS/GPS 移动定位技术、电子地图技术等多种技术进行整合。平台的中心服务器使用了以网络服务为核心的技术，在对数据库进行设计时，采用了分布式数据库，将百度地图作为平台中使用的地图，同时可以进行在线实时更新。

（三）系统功能模块与关键技术解析

1. 功能模块

智慧旅游管理平台中的功能模块包含以下几部分。

（1）智慧游览模块

在游客开始游览之前，可以随时查看平台中提供的景区图文与介绍，形成游客对景区的全面感知。在游客游览的过程中，可以随心所欲地查看平台提供的景区电子地图与游览路线，可以使用微信、微博等社交平台将实时旅行状态、景区游览实时发布出去。

（2）智慧导游

导游可以在移动终端随时随地查看景区的电子地图，充分掌握旅行团的实时信息。还可以在平台中发布团队的状态，加强与旅行团之间的沟通与交流，形成有效的信息共享与互动，加强紧急事故的处理与反应能力，确保游客的人身安全。

(3) 智慧旅游管理咨询与投诉系统

在智慧旅游管理系统中，开设咨询和投诉系统，游客通过输入用户账号登录，对景点开设时间、景区天气、景点门票、景点浏览路线等进行网上咨询，提高游客对景区各个景点的了解度。而且游客在旅游过程中，能够及时反馈遇到的问题并快速得到解决方案。同时，咨询和投诉系统管理员可以对反馈和投诉内容进行分类，由专人负责给出解决方案。建立一个完善的旅游服务系统，提高工作效率，提升智慧旅游的服务质量。

(4) 智慧旅游管理后台管理系统

智慧旅游管理后台系由专门管理人员进行管理，应明确各部门分工，在大数据技术下对景区进行智能管理。主要功能设计如下：菜单管理、用户管理、权限管理、系统管理等方面，其中用户管理需要对注册用户进行审核，审核通过后由专人负责管理，如遇到旅游团队，需要加强人力进行管理，保证游客旅游顺利，并对旅游景区留下深刻的好印象。

2. 关键技术

在对智慧旅游管理平台进行构建的过程中，会使用到以下技术。

(1) Web 服务

Web 服务技术作为平台中的应用程序，具备模块化的特点，结合互联网技术可以以描述、发布等形式被使用。

(2) Android 技术

Android 是将输入技术作为基础的操作系统，经常会将其应用在移动设备中，占据了智能手机市场的大部分份额。

(3) 大数据采集技术

大数据技术的使用是建立在智能平台的基础上的，对其信息进行网络采集，主要包括网络通信系统、智能识别输入系统、软硬件资源接入系统等，实现非结构化的大量数据输入信息的智能定位、识别、跟踪、传输、监控和处理等，完全输入实现智能化管理平台的建设。同时，为大数据提供虚拟输入的服务器，能够实现大数据信息的获取、存储、分析以及处理等操作，从而创建完整的大数据网络管理平台。

(四) 数据库设计

数据库通过实体联系构建数据库模型，在数据库模型构建的过程中，将旅游景区内的所有数据设计为数据库可以处理的数据类型。其数据资源包括：游客信息、景区信息、游客出行信息。构建数据库登录窗口，游客按照操作流程进行用户注册和登录，并记住登录密码，游客可以通过数据库窗口进行个人信息查询、更改及删除等操作，充分做到智慧旅游管理。

二、智慧旅游管理平台感知体系设计与构建

智慧旅游感知体系是智慧旅游的一个平台，是建设智慧旅游的基础，在智慧旅游感知体系中，利用互联网技术、云计算、高性能信息处理以及智能数据的处理进行等科技来进行全国各地旅游景点的统一化管理，旨在提高我国旅游业的发展水平，同时也在某种程度上扩大了旅游行业的决策权。智慧旅游感知体系的建立所需要的外界帮助主要就是上述所

提到的几种科技，把全国各地零散的旅游景点进行统一管理，使我国的旅游行业的发展逐步趋于智能化、统一化、优化发展的方向。在这个体系中，包括智慧旅游旅游发展的计划、智慧旅游所包括的各方面的智能化的事宜等。接下就智慧旅游具体的建构进行分析。

（一）感知平台设计

1. 目的地智慧营销

目的地智慧营销主要包括多媒体景点预览系统、多媒体体验分享系统、智能游程规划系统和目的地资源预订系统四个方面。

智慧旅游中的多媒体景点预览系统就是通过多媒体技术以及现代化的 3D 技术在智慧旅游相应平台上展现旅游景点的实况，给游客一个可以选择的机会，让他们事先了解他们旅游目的地的实际情况，也为还没有确定实际旅游景点的游客提供一个选择的平台。

多媒体体验分享系统是一个非常好的宣传旅游地的方法，在人们旅游行程结束之后，把拍摄的图片和一些对旅游地的感受发在社交软件上，让人们观看，从而达到宣传旅游景点的目的。

智能游程规划系统是为了一些对于旅游行程没有规划的人群设定的，只要在搜索栏中输入自己大概想要的旅游类型方式，平台就会推送一些符合要求的旅游路线，不仅帮助人们解决了出行的困惑，同时也对部分旅游景点进行了变相的推荐，促进旅游景点的发展。

除了上述所说的系统之外，还有一个是关于目的地资源预订的系统。在旅游中，除了行，主要的还有住和食，在旅游旺季，通常住的地方还是比较难找的，所以在计划出游的同时应该事先预订住宿的地方，智慧旅游发展的同时，大大推动了与旅行有关的软件的发展，旅行软件可以提供给游客提前预订住宿的条件，这样就是智慧旅游的体现。

2. 智慧导游

旅游过程中，为了能够充分地了解旅游景点的发展历史以及旅游景点经典的古诗等，导游是不二人选，在旅游业发展的过程中，导游就是旅游行业的"灵魂"，导游都是经过特殊培训的，他们对于旅游景点非常了解，对这个景点的由来、发展历程以及景点的故事等，他们都会讲解得很清楚，当然这些都是人工的。随着科技的不断发展，智慧旅游的发展，智慧导游也出现在人们的旅行中。智慧导游主要是利用大数据库来给人们展现出有关智慧导游的一系列信息。在一个旅游景点，通常小景点之间的间隔有很长的距离，游览的先后顺序、路线等都是智慧旅游可以提供给游客的信息，这些数据都是实时更新的，所以智慧导游还可以给游客提供最佳的旅游路线以及游览的顺序。除此之外，智慧导游还可以给游客介绍关于景点的所有信息，这样也给游客节约了很多旅游开支。目前，智慧旅游中的智慧导游部分在景点讲解中的一个重要表现就是通过扫码（旅游景点中的二维码），就会有关于景点的讲解，还有人工语音的讲解。

3. 智慧导购

智慧导购主要是以推送的形式进行发展，在游客浏览各种关于旅游的网页时，网页的后台会自动读取游客浏览网页的信息，然后根据这些信息定时给游客推送相关类型的网页。推送的时候往往会在浏览的页面以小框的形式弹出，而相关软件因为保留了客户的通信内容，可能会用短信推送的方式进行，甚至有时候会直接给用户打电话进行咨询宣传等等。这些都属于商品区域推送系统，除了以上提到的，还有一个系统是关于智慧导购的那就是旅游感知推送系统，在游客进去设定的感知系统范围内，会自动推送由商家设定的并且实时更新的美食、商品、住宿、娱乐等方面的内容，这样一来，旅游行业在智慧旅游的智慧导购的推动下，将得到更好的发展。

4. 旅游交易结算

智慧旅游还表现在旅游交易结算中。在旅游的过程中，最重要的一点就是消费，除了旅游纪念品，还有住宿和饮食上的消费，在部分旅游景点，尤其是旅游旺季或者是节假日，食物和住宿都会大幅度涨价，所以办理相应的旅游电子结算卡有一定的必要性。旅游电子卡是可以结算智慧旅游景点所有消费的一卡通，这个卡可以进行相应的积分，在积分达到规定的数值之后，以后的消费可以有相应的折扣。为了方便游客，这个电子卡可以用多种形式支付，可以是具体的卡，可以是软件，也可以是指纹识别等形式，通过这样的方式可以在一定程度上刺激旅游消费，从而促进旅游行业的发展。

5. 统一服务热线

在智慧旅游发展的过程中，主打智能软件的发展，但是旅游群体中还有很大一部分是老年人，他们并不会使用这些智能软件，所以在智能感知体系中还建立了统一的服务热线。在服务热线的建立过程中，主要是在整体服务热线的基础上以区域为划分标志建立区域性的服务热线，中老年人可以通过拨打相关的服务热线对旅游景点中包括住宿、食物、景点等的信息进行具体的咨询，从而达到与智能软件一样的服务效果。在统一旅游热线建立中，需要专业的热线工作人员对游客提出的问题进行一一解答，要保持基本的工作态度。对于专业智慧旅游客服人员的缺失问题要进行重视，由当地旅游局要负责培训相应的工作人员。

6. 智慧景区管理

对于景区的智能化管理也是智慧旅游的重要组成部分。在景区中，管理方面的工作是至关重要的，包括门票的售卖和检票、景区情况的实时公布、景区人员流动和车辆监控以及对于环境的检测等。在智慧旅游感知体系建立的背景下，景区门票目前是可以在网络平台上进行购买的，所以在相应的旅游景点处应该设置对应的自助取票机。在进入景点的过程中，需要对所购买的票进行检查，防止逃票情况的发生。景区是人流量非常大的地方，所以为了保证游客的基本人身安全，需要对可疑人员和车辆进行盘查，并对突发事故或者是气象灾害进行通报，对乘客进行及时的疏散，保证游客的生命财产安全。在景区管理中，环境管理是一大难点，旅游景点的垃圾数量是一个惊人的数据，尤其是在一些悬崖峭壁处的垃圾，清理难度是极大的，在旅游景点各个地方设置"不要乱扔垃圾"的标语的同时，增加垃圾桶的数量，这样的措施还是有一定的效果的。

在建立智慧旅游平台之后，人们之前的想旅游但不知道去哪儿的情况得到了改善，对于旅游景点提前预览的设想也得到了实现，人们的生活在旅游中得到了丰富，精神面貌也有了很大的改变，生活质量得到了本质上的提高。从旅游行业的监督来说，通过建立智慧旅游感知体系，把零散的景点进行统一的管理，能够使旅游行业本身得到很大的发展。

(二) 智慧旅游管理平台的搭建

要想真正实现以上目标，我们需要构建一个智慧旅游的运营和支撑平台，即智慧旅游管理平台，该平台可以动态、可扩展地接入多种应用终端和传感节点，融合多种服务系统。智慧旅游管理平台的体系架构主要涉及了全面感知层、云平台构建层、应用服务层三个部分，通过在各旅游景点敷设多种类型的传感设备，采用无线传感器自组网络技术，与互联网结合，借助云平台，传递各类感知或控制信息，最终为旅游景点提供基础应用服务、增值类应用服务以及开放性业务。

所谓全面感知，即采用各种传感技术，结合不同旅游景点的具体应用需求，部署各种传感器节点，以"毛细血管"微循环网络建设智慧旅游管理平台的立体化感知体系。从旅游目的地的选择到出行，以及住宿、饮食、购物乃至娱乐等环节，都可以基于地理信息，通过物联网技术，以互联网为依托，利用传感器、RFID、蓝牙以及传感器网络，来实现全面的感知。

智慧旅游管理平台的基础支撑——云平台模型，底层连接各种传感信息，上层支撑各种应用服务，能够以简便的途径和以按需使用的方式通过网络访问可配置的网络、服务器、存储、应用、服务资源。该平台包括四层：物理资源层、虚拟化资源层、管理中间件层、应用服务层。

物理资源层由服务器、存储器、网络设施、数据库和其他软件等构成，提供智慧旅游管理平台所需要的计算能力存储和信息服务。

虚拟化资源层是将大量相同类型的资源构成同构或接近同构的资源

池。资源的虚拟化（包括服务器、存储器和网络）将更多的物理资源进行集成，并使这些资源处于一个共享的平台中，用户不需要了解资源的组成，只需要发送请求就可以随时随地获取自己所要的资源。

管理中间件负责计算资源管理、网络资源管理、存储资源管理、业务运维管理等，并对众多应用任务进行调度，使资源能够高效、安全地为应用提供服务。管理各类资源的目的是负载均衡地使用云资源节点，检测节点的故障并试图恢复或屏蔽，并对资源的使用情况进行监视统计。

应用服务层由基础应用服务、增值应用服务、开放性应用服务构成。基础应用服务包括与目的地智慧营销、智慧导游、智慧导购、旅游交易结算、统一服务热线、智慧景区管理、智慧行业管理等与旅游紧密关联的基础应用，以及与酒店服务、饮食服务、特色旅游购物服务、娱乐设施服务等关联的基础应用服务；增值应用服务包括通过对传感数据进行加工、挖掘有效的数据信息，为旅游管理部门提供管理决策，为商家提供营销方案，为游客提供更人性化的服务等智慧行业管理类应用服务；开放性应用服务包括智慧旅游的应用拓展，能够为同类应用或者第三方应用提供平台支持。

智慧旅游管理平台涉及一些保密性数据的流向以及用户个人信息安全等方面的问题。大量数据涉及个体隐私问题（如个人出行路线、消费习惯、个体位置信息、健康状况、企业产品信息等），平台设计中必须充分重视信息安全问题，尽可能减少安全漏洞，保障应用平台的整体安全，保证用户的安全服务，同时也最大限度地保证平台网络管理中心自身的安全。一个足够安全稳定的智慧旅游服务平台才是对旅游管理部企业、游客等最具有吸引力的，才是最具有发展潜力和旺盛生命力的。因此我们在整个智慧旅游管理平台的建设过程中，要全面地从物理设备的安全、感知层的安全、传输的安全、处理的安全、应用的安全以及整个平台应用模型下综合出现的安全因素等各个方面有前瞻性考虑，这样才能够立足于长远，为"智慧旅游"保驾护航。

三、智慧旅游行业监督管理平台的建构

智慧旅游行业监督管理平台主要包括旅游行业数据分析平台、旅游交易信息分析平台、旅游企业服务质量评价平台、游客构成与行为分析平台、定价策略模拟分析平台和旅游服务改进系统平台六个子平台。智慧旅游目的地旅游行政管理部门通过智慧旅游行业监督管理平台，将搜集到的数据信息进行分类、整合、分析，实现对其所辖区域内旅游行业的监督管理。该平台的建构，有助于旅游行政管理部门加大监督力度，丰富监督手段，提高监督效率，进而做出及时、有效的旅游行业发展分析决策；有助于旅游行业不断自查、完善并改进其所提供的旅游服务，并为其有针对性地为游客提供旅游产品提供参考。

四、智慧旅游安全保障管理平台

智慧旅游安全保障管理平台主要包括信息安全保障管理平台和旅游安全保障管理平台两个子平台。信息安全保障管理平台主要是指建立安全、可信的信息安全保障系统，确保相关信息不会被非授权用户访问，防范非法的信息输入和输出。旅游安全保障管理平台主要由旅游安全预警系统平台、旅游安全控制系统平台和旅游安全救援系统平台组成，安全保障管理平台涉及多个政府职能部门，承担着协调、联动各个部门共

同协作的作用。该平台的建设有助于促进智慧旅游目的地旅游业健康、有序、安全地发展。

第七章　智慧旅游公共服务

第一节　智慧旅游公共服务概述

一、智慧旅游服务的内涵和特征

（一）智慧旅游服务的内涵

所谓智慧旅游服务，是指旅游企业以游客为核心，利用大数据、物联网、云计算、人工智能、虚拟现实等各种信息技术对游客数据进行收集、挖掘和计算，通过智能数据积累主动发现游客的现实需求，并挖掘其潜在需求，基于全过程、全要素的服务资源集成和参与主体协同，为游客设计个性化服务方案并精准推送给游客，以满足其旅游需求的过程与方式。一方面，智慧旅游服务能促进旅游信息流重构、旅游业务重组、旅游组织优化；另一方面，智慧旅游服务将影响游客信息搜索的行为和方式，还将加速旅游营销方式、旅游管理方式等发生根本性改变。

随着智慧旅游服务广度、深度和专业化程度加强，智慧旅游将逐步过渡到多方案的筛选及修改完善，再过渡到以全程互动体验为主导、以价值共创为目标的自我设计、自我实现和自我评估以及自我享受状态。

智慧旅游服务更加注重与游客互动，是为游客个体而非群体提供的泛在化旅游服务，通过对旅游活动全流程、全时空、全方位、全终端、全机构的整合、协同、优化和提升，实现一种颠覆性的旅游服务模式创新。可见，智慧旅游服务对于其服务主体，即旅游企业提出了更高的要求和挑战，一般需具备全方位、全过程的旅游服务链运营与协调能力，所以通常为旅游联盟的盟主或区域领先型旅游企业。

（二）智慧旅游服务具有复杂适应性特征

复杂适应系统（Complex Adaptive Aystems，CAS）借助主体之间适应性交互作用反映整个系统的复杂变化，宏观和微观的相互联系以及从简单到复杂的演进机制。运用CAS理论揭示智慧旅游服务的非线性和动态性复杂特征。主要表现在以下方面。

1. 主体聚集性智慧旅游服务

服务过程中，不同类型的旅游企业由于竞争和合作关系形成聚集体，旅游中介、旅游要素提供方等相关利益主体围绕游客需求，为达到整体协同效应而聚集，依托网络平台形成旅游服务联盟，通过服务资源共享和服务组合提供一体化的旅游服务方案。通过网络平台聚集大量旅游要素提供者以及优势旅游资源，并基于网络平台的协同服务能力不断提升。

2. 非线性作用智慧旅游服务

服务过程中涉及多个相关利益主体，主体的主动性和适应性是产生非线性交互关系的根源，而非线性又是复杂适应系统形成有序复杂结构的内部主导原因。首先，旅游中介、旅游要素提供方等相关利益主体都有自身利益诉求及发展目标，在相互合作和竞争中呈现出不同的行为方式。其次，在主体交互过程中，受外部环境和发展路径影响，每个主体的行为方式表现出短期的不确定性和长期的不可预见性。因此，智慧旅游服务相关利益主体交互关系并非简单的因果关系，而是多变量的非线性作用关系。

3. 资源流动性智慧旅游服务

服务过程具有开放性，始终保持与外界物质、能量和信息的交换。旅游产业发展受到多种因素影响和制约，随着交通条件、通信基础等的不断改善，自驾游、自助游等旅游方式日益普及。此外，政策领域的带薪假期的制度化，教育理念上研学旅游的推广等，都证明在智慧旅游服务过程中，资源流动渠道多样且畅通，不断打破旅游产业的原有状态引起涨落，进而促使系统呈现自组织变化。

4. 关系多样性智慧旅游服务

相关利益主体具有多样性特征，既有以营利为目的的旅游企业，例如酒店和景区类的实体企业，多属于旅游要素提供者；也有各种规模、各具特色的旅游网络平台等线上企业，多属于旅游中介；还有线上和线下打通的旅游大平台或旅游联盟等。同时包括政府监管机构、博物馆和国家公园等非营利机构。而且，游客也具有明显的多样性，例如：游客旅游的目的因人而异，即使被同一个旅游景点所吸引，有的游客关注文化，有的游客关注自然景观，还有的游客关注感官娱乐。

二、智慧旅游公共服务的含义及相关概念

（一）智慧旅游公共服务的含义

旅游公共服务的目的是通过以政府为主、企业和社会组织为辅的团队，为最终消费者——游客、中间消费者——政府和企业提供的非营利性和非排他性的便利性的产品和服务。将"智慧旅游"的理念引入"旅游公共服务"将促使旅游公共服务发生巨大变革。即通过云计算、物联网等高科技手段，以政府为主、企业和社会组织为辅的提供主体，为最终消费者——游客、中间消费者——政府和企业提供非营利性和非排他性的便利性的产品和服务。

（二）智慧旅游公共服务的相关概念

1. 物联网

物联网的概念最初在 1999 年提出：即通过射频识别、红外感应器、全球定位系统、激光扫描器、气体感应器等信息传感设备，按约定的协议，把任何物品与互联网连接起来，进行信息交换和通信，以实现智能化识别、定位、跟踪、监控和管理的一种网络。简而言之，物联网就是"物物相连的互联网"。

国际电信联盟（ITU）发布的互联网报告，对物联网作了如下定义：通过二维码识读设备、射频识别装置、红外感应器、全球定位系统和激光扫描器等信息传感设备，按约定的协议，把任何物品与互联网相连接，进行信息交换和通信，以实现智能化识别、定位、跟踪、监控和管理的一种网络。

根据 ITU 的定义，物联网主要解决物品与物品（Thing to Thing, T2T）、人与物品（Human to Thing, H2T）、人与人（Human to Human, H2H）之间的互联。但是与传统互联网不同的是，H2T 是指人利用通用装置与物品之间的连接，从而使得物品连接更加简化，而 H2H 是指人之间不依赖于电脑而进行的互连。因为互联网并没有考虑到对于任何物品连接的问题，故我们使用物联网来解决这个传统意义上的问题。物联网顾名思义就是连接物品的网络，许多学者讨论物联网时，经常会引入 M2M 的概念，可以解释成为人到人（Man to Man）、人到机器（Man to Machine）、机器到机器（Machine to Machine），从本质上而言，人与机器、机器与机器的交互，大部分是为了实现人与人之间的信息交互。

2. 电子政务系统

电子政务系统是基于互联网技术的面向政府机关内部、其他政府机构、企业以及社会公众的信息服务和信息处理系统。一般而言，政府的主要职能在于经济管理、市场监管、社会管理和公共服务。而电子政务就是要将这四大职能电子化、网络化，利用现代信息技术对政府进行信息化改造，以提高政府部门的行政水平。其中，电子政务有四个突出特点：电子政务使政务工作更有效、更精简；电子政务使政府工作更公开、更透明；电子政务将为企业和居民提供更好的服务；电子政务将重新构造政府、企业、居民之间的关系，使之比以前更加协调，使企业和居民能够更好地参与政府的管理。

3. 移动办公

移动办公有三个突出特点，即办公人员可在任何时间、任何地点处理与业务相关的任何事情。这种全新的办公模式，可以让办公人员摆脱时间和空间的束缚。单位信息可以随时随地、通畅地进行交互流动，工作将更加轻松有效，整体运作更加协调。

根据具体应用方式的不同，移动办公大致可以分为两种类型。一种需要在掌上终端安装移动信息化客户端软件才能使用，另一种则无须装载软件，借助运营商提供的移动化服务就可以直接进行移动化的办公。前一种能实现的功能非常强大，对于掌上终端的要求也较高。一般需要以智能手机为终端载体，通过在公司内部部署一台用于手机和电脑网络信息对接的服务器，使得手机可以和企业的办公系统、财务系统、人力资源系统等几乎所有的企业级业务和管理系统联动，其业务主要面向大中型企业和政府部门。由于这类应用的开发具有一定的难度，所以应用范围相对并不广泛。而后一种方式则能实现一些常规的企业办公功能，不需要企业架构任何服务器，也不需要在手机上安装软件，即可实现常规企业办公功能。

第二节　智慧旅游公共服务发展的原则和问题

一、智慧旅游公共服务发展的原则

（一）相关部门主导

充分发挥相关部门在智慧旅游公共服务建设中的主导作用，明确智慧旅游公共服务发展目标和主要任务，科学布局，合理规划；加大相关部门引导性投入，营造有利于智慧旅游公共服务建设的发展环境和条件。

（二）多方参与

充分调动各方积极性，构建以相关部门、企业、用户为主体，市场为导向，产学研用相结合的推进体系，整合各类共享资源，增强智慧旅游公共服务建设的协同力。

（三）示范引导

积极按照统筹规划、示范先行、分步实施、稳步推进的方针，有序推进智慧旅游公共服务建设。通过试点建设，充分实践和验证智慧旅游公共服务建设中技术的先进性、模式的可复制性和经验的可推广性，建立适合的智慧旅游公共服务建设模式。

（四）产用结合

紧抓智慧旅游城市建设机遇，大力推进相关智能制造装备产业发展，大力推进智能技术在国民经济和社会发展各领域的应用，以用促产，以产带用，产用结合，实现旅游公共服务相关应用的智慧化、产业升级智能化。

二、智慧旅游公共服务发展中的问题

（一）旅游公共服务功能严重"缺位"

旅游公共部门及相关非营利组织具有提供准公共服务性质的旅游产品和服务的职能责任，有的地方也设立了旅游集散中心、旅游咨询服务中心等，但是实际上，提供游客共同所需服务的功能仍然存在缺位。

(二) 旅游宏观管理体制混乱

不同的旅游组织归属于不同的行政部门，系统林立，多头管理，导致了旅游管理体制和市场的混乱。

(三) 信息建设不成大系统，智能化不足

目前我国各种旅游供给总量上过剩，但结构上却略呈现出不足的状态，智能整合各种信息也略显不足。突出表现为游客的个性化定制服务能力的不足，只能提供单向的旅游资讯和产品信息，如交通、天气、景点、酒店等一般化的旅游信息，而不能反向根据游客的需求进行个性化定制服务，智能化程度和智能服务水平还有待提高。

(四) 智慧旅游公共管理与服务体系功能弱化

智慧旅游公共管理与服务体系应当给广大游客提供多元化、全方位的服务，涉及的领域应当包括信息服务、交通服务、安全服务、环境服务、救助服务等多项内容。但是，就目前公共管理与服务体系的建立情况来看，各地的旅游管理部门多在基础设施建设方面下功夫，忽略了游客的一些个性化需求，如住宿环境、饮食安全、救助服务等。以救助服务功能为例，如果游客在旅途当中出现健康问题，在参观游览过程中出现安全问题，在消费过程中出现维权问题等，都需要得到公共管理与服务体系的支撑，但许多旅游景区却忽略了这一关键点，在客服对接、智能语音向导、危险预警等方面均未建立相应的智能化系统。在这种情况下，即便游客发出求助信号，终端服务人员也无法及时获取信息，这不仅会错过最佳的救助时间，而且也会对游客的个人安全构成直接威胁，如果始终沿用这种传统的运作模式，那么当地的旅游景区也将发展缓慢。

（五）基础服务资源匮乏

对于游客来说，在确定旅游线路之后，消费便成为旅途当中必不可少的环节。就目前国内一些中小城市来看，虽然遵照智慧旅游理念建立了公共管理与服务体系，而实际上在多数景区，依然采取最为原始的人工收费模式。这种原始的收费模式不仅影响了游客的出行计划，也使得公共管理与服务平台的智能化发展进程相对滞后。另外，还有一些景区的 Wi-Fi 网络并未实现全覆盖，游客到达景区之后只能开启数据流量，这就给广大游客增加了额外的经济负担。因此，要想构建一个多元化、智能化的公共管理与服务体系，第一要务就是拥有一套健全的基础服务资源，这样才能提升游客满意度，提高旅游景区的知名度。

第三节　智慧旅游公共服务发展实践

一、智慧旅游公共信息服务

随着旅游大众化、个性化和散客化的发展趋势，游客将更加注重旅游活动的灵活性和多样性，对旅游目的地公共信息服务的需求量也日益增加。旅游公共信息服务的主要对象是游客，对旅游公共信息服务体系构成研究的出发点和落脚点理所当然也应是游客本身。旅游公共信息服务是智慧旅游公共服务体系的服务中枢，是实现旅游公共服务的系统整合、全面覆盖、高效及时的关键，是旅游公共服务智慧化程度的重要衡量指标。旅游公共信息服务的目的是通过先进的集成技术整合各类旅游公共信息，使游客更加便捷地了解和游览旅游目的地。

（一）智慧旅游公共信息服务的系统建设

1. 旅游公共信息平台服务系统

传统的旅游信息平台服务系统通常是由各旅游服务供应商自行建设的企业网站，往往存在不规范、信息覆盖面窄、缺乏可靠性、建设维护成本高以及更新缓慢等问题。自21世纪初，北京、武汉、镇江等部分旅游城市开始尝试通过利用云计算、物联网等先进集成技术，将现有分散的旅游企业或地方旅游网站与官方旅游网站以及相关的论坛、社区等整合起来，以超链接的方式，构建成区域旅游公共信息平台服务系统（又名"旅游网站集群"）。这种智慧化的旅游网站集群通过共享区域内的旅游资源和信息，避免了信息系统重复或分散建设。

智慧旅游的优势在于利用互联网技术搭建起游客、旅游服务供应商和旅游行政管理部门三者之间的平台或桥梁。游客可以借助互联网或移动终端设备便捷地享受信息查询、产品订购、投诉建议、监督反馈等服务，由此而产生的数据信息将成为三者最有价值的信息资源。旅游行政管理部门针对这些数据进行分析，可以充分了解游客的服务需求，并据此规范、协调或调整旅游服务供应商与游客之间的供需矛盾，指导或帮助旅游服务供应商对旅游商品进行转型升级，推出针对性服务项目和管理措施，不断满足游客需求。从而为游客提供更好的旅游公共信息服务，既减少了游客搜索目的地旅游信息的时间，有效提高游客的满意度，又方便了旅游行政管理部门的管理和审核。

2. 旅游公共信息导视服务系统

传统意义上的旅游公共信息导视服务系统是指在景区或景点中，为游客传递路线、指明景点位置、起安全警示作用以及传达景区发展理念的一系列标识或标识物。即旅游线路上一系列的景观（点）名牌、说明牌、安全警示牌、道路引导牌、宣传牌、游览图等，是旅游景区（景点）重要的旅游公共信息服务设施。随着智慧旅游时代的到来，旅游公共信息导视服务系统已发展成为集景区数字化游览地图、导视系统、信息发布屏、智能定位、实时解说、导游、导览、导购于一体的内容丰富、指示明确的旅游导视服务系统。游客可以借助移动互联终端设备，轻松获取信息，并在导视服务系统的导引下，最终满足需求愿望。

3. 旅游公共信息交通服务系统

随着自助游和自驾游等散客旅游形式的兴盛，游客的目光已不仅仅局限于关注景区的状况了，还包括通往景区的路况、导航、客流、路标、景区停车场、车辆管理、景区游览图、所处位置等方面的内容。其设置合理齐全与否或服务贴心与否，成为实现这些群体无障碍旅游所关注的重点。对于需要借助旅游目的地公共交通工具的散客而言，所关注的是智慧旅游公共交通换乘信息。所以，智慧旅游交通信息服务系统应包括对景区方位、景区导航、交通信息、车流量信息、停车场信息和景区游客容量信息等进行汇集和发布。

4. 旅游公共信息咨询服务系统

旅游公共信息咨询服务系统是为游客提供诸如信息咨询、投诉、救援、安保等旅游服务功能的相关服务设施与机构的总称，主要包括城市旅游咨询服务站点、景区（景点）旅游咨询服务中心、咨询服务热线、信息查询服务、旅游资源宣传等与旅游咨询服务相关的设施或机构，承担着采集、编辑和发布旅游信息的职责，提供旅游信息咨询、救援、安保、投诉、监管或订购等咨询服务功能，进而帮助游客寻找最佳解决方案，解决在旅游过程中所遇到的各种问题，以期达到预定的目标。

此外，旅游公共信息咨询服务系统还可以担当向游客传递旅游产品信息的中介，成为各类旅游服务机构展示企业形象、宣传旅游产品的一个特殊媒介。相关旅游机构也可以借助旅游咨询中心进行旅游产品营销、需求调查、客流统计等一系列市场调研活动，从而获取最为客观的市场反馈信息，为旅游产品开发、营销、服务、管理及旅游业的经营和发展提供决策依据。

（二）智慧旅游公共信息服务的平台建设

1. 信息推送（发布）平台

信息推送（发布）平台是指由旅游目的地主动推送该地相关旅游信息的服务平台，主要由电脑终端信息推送系统、移动终端信息推送系统、LED信息发布系统、电视平台信息推送系统、广播平台信息推送系统以及报刊平台信息推送系统这六大部分构成。其中，电脑终端推送系统是以电脑为终端媒介的信息推送系统，其内容和方式多样，主要由官方资讯网站、在线旅游企业网站以及官方微博等形式构成；移动终端信息推送系统是以手机、平板电脑等为终端媒介的信息推送系统，主要由官方微信、微博、手机短信、手机报、手机视频等形式构成；LED信息发布系统是以公共场所安装的LED屏/触摸屏为终端媒介的推送系统，主要由宣传视频、漫画、新闻报道等形式构成；电视平台信息推送系统是以电视为终端媒介的信息推送系统，主要由宣传视频（宣传片）、广告、电视剧、电影、新闻报道等形式构成；广播平台信息推送系统是以电台为终端媒介的信息推送系统，由于电台广播在视觉上的限制，所以其信息传播主要以广告和新闻报道为主，关键时刻可以成为重要信息及时传达的工具；报刊平台信息推送系统是以报纸为终端媒介的信息推送系统，主要由广告、新闻报道、漫画等形式构成。

这六大子平台根据游客的不同需求，在信息发布的时候要注意以下几点：第一，注意时效性，并且要做到信息同步更新；第二，注意层次性，要根据不同媒体的特点发送与之相匹配的信息；第三，注意完整性，六大子平台各有其信息发布的特点，但在信息的整合发布时一定要注意信息的完整性，首先要有顶层设计，确定所要发布的全部信息，然后根据不同平台的特点发布合适的信息，做到系统、全面、有层次地发布信息。

2. 信息反馈平台

信息反馈平台主要是信息推送与咨询效果的反馈，旨在对旅游目的地的信息发布、咨询、导览等方面的服务进行不断改进，主要由信息服务有效性监测系统、信息服务有效性评估系统以及信息服务有效性反馈系统等三部分构成。其中，信息服务有效性监测系统主要是对信息推送和咨询层面信息有效性的监测，主要由信息后台管理系统、游客满意度调查机制（游客满意度点评系统）、游客投诉信息收集等部分构成；信息服务有效性评估系统是对信息服务有效性监测系统的监测数据进行统计、分析与评估；信息服务有效性反馈系统主要是将信息服务有效性评估系统所得的评估结果反馈到信息推送平台以及信息咨询平台。

信息反馈平台的反馈内容是旅游目的地各方面改进更新的一个重要的依据，旅游目的地要想实现可持续发展，游客意见是一个不可忽视的重要内容。随着游客思想观念的成熟，他们逐渐变得愿意分享旅游后的心得体会，旅游公共管理者可借此契机进行信息推送与咨询的有效性监测，并将结果再反馈给信息推送平台和咨询平台，从而形成一个良性的循环，最终实现信息发布、提供的高效性与精确性。

3. 技术支撑平台

技术支撑平台是指智慧服务过程中的技术、数据等方面的智力支持，主要由智慧旅游云数据库、智慧旅游物联网平台以及信息网络基础平台三方面构成，其中，智慧旅游云数据库建设是指包含各类旅游基础信息的基础数据库；智慧旅游物联网平台主要是利用局部网络或互联网等通信技术把传感器、控制器、机器、人员和物等通过新的方式联在一起，形成人与物、物与物相连，实现信息化、远程管理控制和智能化的网络，主要由RFID、传感网、M2M（机器对机器）等部分构成；信息网络基础设施平台是智慧旅游发展的基础环境，主要由云计算平台、信息基础设施集约化建设平台、政务信息资源交换共享平台、信息安全平台等构成。

智慧旅游时代的旅游公共服务不再单单是人工服务，而是更多的运用高科技手段，通过各种高科技设备提供服务。技术支撑平台是智慧服务过程中技术、数据等方面的支持。各旅游目的地也在不断地构建各种类型的技术支撑平台，但是由于没有统一的技术指导及顶层设计，技术支撑平台的建设杂乱无章，并不能满足支撑整个智慧旅游公共服务生态系统的需要。因此，技术支撑平台的建设，应该注意智慧旅游云数据库、智慧旅游物联网平台以及信息网络基础平台三大子平台的系统构建，形成一个系统的支撑平台，才能有效保证前台的运营。

二、旅游基础设施服务

旅游基础设施服务是智慧旅游公共服务体系的服务载体，是游客关于智慧旅游公共服务最直接的接触体验点，旅游基础设施的服务质量将直接影响游客对旅游目的地旅游公共服务整体水平的认知。

该体系主要由交通服务平台和游憩服务平台两大平台构成，游客通过交通服务平台这个载体媒介到达旅游目的地，并享受目的地智慧旅游公共服务提供的便捷的游憩服务，最后游客再借助交通服务平台的载体从目的地返回至居住地。

（一）交通服务平台

交通服务平台主要由旅游交通信息服务系统、交通管理系统、旅游集散中心服务系统、公共交通系统以及自驾车服务系统五部分构成。其中，旅游交通信息服务系统是一个交通地理信息的交换与共享平台，提供地图浏览、快速定位、图层管理、信息查询、数据编辑、辅助工具、空间分析、报表定制、图形输出、数据交换、数据管理、专题统计分析、三维仿真以及屏幕自动取词地图服务、系统管理等功能，主要为各级交通信息需求者提供各种地理信息服务，通过交通地理信息服务平台建设，有效地整合了公路、航道、港口、场站、铁路和机场等交通地理信息资源，建设了统一、共享的交通地理信息数据库和地理信息服务平台，实现了交通地理信息资源共享和集中管理。交通管理系统通过先进的监测、控制和信息处理等子系统，向交通管理部门和驾驶员提供对道路交通流进行实时疏导、控制和对突发事件应急反应的功能；旅游集散中心服务系统根据游客需要和旅游景区的分布及品位，推进合理建设包括集散中心、集散分中心、集散点组成的集散中心体系，逐步完善旅游集散换乘、旅游信息咨询、票务预订、行程讲解等多种功能，逐步实现航空港、火车站、汽车站、码头、地铁、集散中心站点、主要景区的无缝对接，加强各旅游城镇集散中心间的横向联系，推动联网售票、异地订票，实现区域化、网络化运营；公共交通系统主要目的是采用各种智能技术促进公共运输业的发展，使公交系统实现安全、便捷、经济、运量大的目标，如通过个人计算机、闭路电视等向公众就出行方式和事件、路线及车次选择等提供咨询，在公交车站通过显示器向候车者提供车辆的实时运行信息，在公交车辆管理中心，可以根据车辆的实时状态合理安排发车、收车等计划，提高工作效率和服务质量，其主要包括智能公交系统、智能地铁系统以及旅游观光巴士运行系统等；自驾车服务系统主要是为自驾车游客服务的系统，主要包括旅游交通引导标识系统、智能停车场服务系统（预报车位、智能引导停车、智能收费等）、自驾车服务区系统、电子收费系统以及交通紧急救援系统等。

(二) 游憩服务平台

游憩服务平台以为游客与当地居民谋取更多福利为宗旨，推动社会推出更多的旅游惠民服务，主要由公共设施服务系统、无障碍导引系统、便捷支付系统以及公共休闲场所（设施）智能建设（管理）系统等四部分构成。其中，公共设施服务系统主要是满足旅游活动外日常需要的设施服务，主要由邮政、金融、医疗、无障碍、环卫等部分构成；无障碍导引系统主要是智能引导游客自主满足食、住、行、游、购、娱等层面的需求，主要由手机客户端和城市自助导览系统构成，手机客户端主要用于食、住、游、购、娱的导览，城市自助导览系统主要用于以"行"为主的导览；便捷支付系统是游客实现便捷消费支付的平台，主要由无障碍刷卡系统和在线支付系统构成；旅游休闲设施智能管理系统是对公共游憩区、特色街区、游览观光步道、开放式景区等公共景观和游览设施的管理，目的是为游客和当地居民提供更加便利的游憩环境。

对于游憩服务平台，其中的便捷支付系统应该是一个银行、景区、旅行社、酒店、纪念品商店等旅游目的地各个系统互联的便捷支付系统，旨在使游客的支付更加便捷。但是，随着各大旅游目的地"旅游卡"项目的竞相启动，各地旅游卡泛滥，如果游客购买的话，会出现在多地旅游要购买多地旅游卡的现象，不仅没有便捷感而且无形中增加了游客的负担。

三、旅游公共安全服务

旅游公共安全服务是旅游公共服务实现的前提，任何安全事故的出现都可能影响该地区甚至是整个国家的旅游发展走势，因此，打造牢固的旅游公共安全服务体系是旅游目的地发展旅游的重要前提和保证。

该体系主要包含智慧旅游安全监测平台、智慧旅游安全管理平台、智慧旅游安全监督平台。智慧旅游安全监测平台为智慧旅游安全管理平台提供平台监测信息，智慧旅游安全管理平台负责处理智慧旅游安全监测平台报送的相关安全问题，智慧旅游安全监督平台则主要协作发现相关安全问题以及智慧旅游安全监测平台和智慧旅游安全管理平台在相关方面存在的漏洞和问题，并将发现的各项安全问题及时反馈到智慧旅游安全监测平台和智慧旅游安全管理平台，从而形成一个良性的安全环境保障平台，为游客提供一个安全的旅游环境。

四、旅游行政管理服务

旅游行政管理主要是后台运作系统，旨在为游客提供一个健康、有序的旅游环境。旅游行政管理的成熟度将直接影响前台服务系统（包括旅游公共信息服务、旅游基础设施服务），是前台服务系统有序运行的重要保障，并将间接影响旅游目的地旅游业的可持续发展。

该体系主要由智慧旅游政务管理平台、智慧旅游行业管理平台以及智慧旅游营销管理平台三大平台系统构成，智慧旅游营销管理平台针对游客进行城市营销，主动向游客宣传城市目的地，而智慧旅游政务管理平台和智慧旅游行业管理平台的有序运行则是各个部门为游客提供各项服务的保障，另外，智慧旅游政务管理平台的有效运行是智慧旅游营销管理平台和智慧旅游行业管理平台有效运行的前提和保证，同时智慧旅游行业管理平台的有效运行也是智慧旅游营销管理平台有效运行的前提和保证。

（一）智慧旅游政务管理平台

智慧旅游政务管理平台是指以高科技手段为依托，实现旅游公共服务的主要提供者——政府的在线办公，但是这里所指的"在线办公"不仅仅是案头工作的网络化转移，而是指通过科技手段建立一个网络大楼，实现各部门、各层级的高效互动，提高办事效率。智慧旅游政务管理平台主要由自动化办公系统（包括电子政务系统和协同办公系统）、移动办公系统等两方面构成；这两个系统的无缝衔接，实现了随时随地办公，两者所涉及的政务内容一致，并且应该同步更新，内容涵盖工作的各大子系统，如政务信息交换共享系统、人事管理系统、内部信息系统、会议管理系统，等等。

（二）智慧旅游行业管理平台

智慧旅游行业管理平台是指以高科技手段为依托，实现政府对各行业的在线管理，主要由智慧旅游行业运营监管系统、行业旅游信息报送系统、行业旅游服务质量评估系统、游客流量动态监测系统以及黄金周智慧旅游管理系统五部分构成。其中，智慧旅游行业运营监管系统涉及旅游景区、旅行社、旅游饭店等各大业态（公司、员工及相关设施）的正常运行监管、舆情监控、数据分析以及诚信监管等；行业旅游信息报送系统包括旅行社业、旅游饭店业、旅游景区业等相关业态的信息填报系统；行业旅游服务质量评估系统是指对各个相关业态客服质量的测评，对于整顿旅游市场，实现旅游业的可持续发展意义重大。

游客流量动态监测系统的设立是为了提供高质量的服务，主要是通过高科技手段获取游客流量信息，并将信息传达给各个业态，以备各业态提前做好人力、物力等方面的接待准备，为游客提供一个高质量的旅游经历。

小长假智慧旅游管理系统是一个特殊的智慧管理系统，由于小长假的特殊性，无论是出于统计的需要还是安全的考量，都有必要为小长假设置一个独立系统。该系统主要应包括小长假行业信息报送系统、小长假客流量监控与预报系统、小长假旅游安全监控系统以及小长假突发事件应急系统四个方面，从而保证小长假期间旅游各行业的正常运行，避免发生游客滞留现象等不良问题。

第八章 智慧旅游背景下旅游体验提升实践

第一节 体验与旅游体验

一、体验的内涵

(一) 体验的定义

体验指从做事、所见、所感或发生的一些对人有影响的事情中学到的知识或技巧（或者是学习过程），倾向于通过实践、亲身经历获得体会、理解，偏重于感性认识。

体验作为一个经济学术语，更注重的是亲身参与所获得的个人心智状态的一种美好感觉。从经济学的角度来说，它是客人付费而从体验策划者的供给中获得一种亲身参与的美好感受。从心理学的角度来说，体验与个体密切相关，需要个体的高度参与，体验的结果来自个体与事件间的相互作用，是在一定的氛围和背景下被"引发"出来的意识中的感觉，而且这种感觉是难忘的、个性化的，带给人们的价值更多的是在于精神上的满足。因此，体验是一种亲身的经历，更是一种内心的感受、感悟。经历是人们对外部世界的某种感观感受连接在一起，感悟则是对内部本质的一种深入认识与领会。综上所述，体验是人类将自己的切身经历、实践通过在情感和悟性思维引导下的身心活动去实现感悟世界与人生的一种过程与方式，发源于人类自身的亲身经历与事件，并在心理层面上将自己与感悟的对象融合为一而产生；体验是一种在情感和悟性思维引领下，通过身心整合的过程去实现的；体验所追求与获得的是对世界与人生状态、情趣、意义、价值等的感悟。

（二）体验的多角度解释

体验在哲学、心理学、美学、经济学、文化学等学科中含义不尽相同，这是因为体验是一个复杂的现象集合，在研究时需要在多个层次进行描述。

二、旅游体验概述

随着我国经济的突飞猛进以及生活水平的不断提高，继农业经济、工业经济及服务经济后，又出现了一种全新的经济形式——体验经济。体验经济的背景下，人们的消费观念逐渐转变，从价格追求逐渐转变到质量追求。在旅游活动中，游客不再满足于同质化的旅游产品，而是更加注重自身体验，追求更加个性化、体验化、独具特色的旅游服务以及旅游产品。

体验式旅游就是指游客在进行旅游活动时，景区多为游客提供参与性和体验性活动，使游客享受旅游的过程，从中体验快乐。20世纪80年代，城市人民为了寻求更轻松、更自由的休闲旅游的方式，逐渐开始兴起的"农家乐"就是体验旅游的雏形。体验式旅游与传统的旅游形式相比，游客追求的是生活方式的改变，他们离开日常居住地，前往自己向往的地域扩展视野，体验不同的文化气息。而传统的观光式旅游则只能为游客提供单纯的观光服务，多依赖于当地的自然风光或历史文化遗产，后来探险式旅游逐渐兴起，多数景区依托天然优势为游客提供服务，这种追求感官上的刺激，也属于体验式旅游的一种。

体验式旅游能够让游客更好地认识自我。从本质上来说，体验式旅游具有多重结构。首先，从时间上来看，体验式旅游有阶段性特征，可以将整体的旅游活动分为预期体验、实际体验以及回忆体验，能够将游客的旅游体验随着时间的流逝不断升华。其次，从深度上来看，体验式旅游能够为游客带来多重感受，使得整体的旅游活动具有一定的层次性。游客在旅游活动中首先获得的就是生理体验感受，比如感官体验以及身体体验，之后，随着旅游活动的不断加深，游客所获得的体验也逐渐转变到心理感受，包括情感、精神、心灵等方面的体验。最后，从强度上来说，旅游体验主要分为一般性体验以及高峰性体验，旅游体验强度越高，给游客留下的价值就越大。

进入21世纪以后，传统经济的增长速度开始下降，体验经济的发展使得经济重获增长动力。体验经济可以让消费者获得参与感，他们不再是产品和服务的单一接收者，他们可以通过参与到服务和产品的生产过程中获得更独特的体验。旅游让游客与"外部世界"获得联系和沟通，实现心理状态的改变。对于游客自身来说，是内在的心理活动；而对于旅游客体来说，则是对其外表和内涵的认识、理解和沟通的过程与结果，体验旅游相对于传统旅游更强调这种参与感。旅游体验是随着这种参与感深度和强度不同而不同的，旅游体验感越深，旅游的组织实际上越难实现。

二、旅游体验的特点

（一）无形性

不同于购买一般的产品是看得见摸得着的，旅游体验是消费者通过参与其中而在身体、情绪、知识上所得到的一种心理认知感受和心理反应过程，是无形的。商品服务是外在的，可以被人看到的，而旅游体验只有消费者自身才能够体会得到。

（二）综合性

一方面，旅游体验融合了理性思考和感性思考，融合了旅游过程中的方方面面，它能给人带来一种综合的内心感受；另一方面，游客在吃、住、行、游、娱、购过程中产生不同的体验内容，这也是由旅游产品的综合性决定的。旅游体验的综合性决定了其中任何一个环节出现问题都将会对整个旅游体验过程的质量造成影响。

（三）高参与性

旅游体验的核心是参与。旅游体验的效果与游客的参与程度直接相关。游客作为旅游产品的一部分，需要发挥主动性和能动性。游客的行为与景区居民、旅游产品和别的游客之间是互动的，游客在这个过程中完成自己的旅游体验。因此，确保游客的积极参与才能确保旅游体验的质量。

(四) 强个体性

旅游体验是个人达到情绪、体力、智力甚至是精神的某一特定水平时，意识中产生的美好感觉。旅游体验的结果，是游客得到的一种对自己富有意义、综合的主观的内心感受，由于不同的知识结构和看问题的角度，即使对于相同的体验项目也不会有两个，人的体验是完全一样的。

(五) 文化性

旅游是为了满足人们的需求，这决定了旅游具有一定的文化内涵。在旅游体验过程中，隐藏在不同商品和服务背后的文化内涵，包括氛围、环境、事件、活动设计等，使游客与旅游资源相互作用，从而满足精神上的需求。另外，旅游服务人员应具有较高的文化素质，这是游客获得优质旅游体验的先决条件。

(六) 满足感

体验和旅游体验都是为了满足人们的某种或多种不同层次的需求，换句话来说，其目的就是为了让游客获得满足感。通过满足游客对环境及自身的好奇心，使他们感受到生活的意义，让自身与自然融合，从而获得心理上和精神上的深层次满足。

旅游体验是包含吃、住、行、游、娱、购的综合性体验，旅游的完成过程也是旅游体验因素的实现过程，这个过程是无形的。游客通过亲身参与吃、住、行、游、娱、购，获得精神满足和不同质量的旅游体验效果。

三、旅游体验产生的内在机理

旅游内驱力是旅游行为产生的最根本动力，它是由于游客的生理与心理（尤其是心理）引起的行为动力。旅游需要作为旅游内驱力的一种意识反映，其目的就是使游客获得快感或愉悦，或者说旅游愉悦是旅游行为的根本驱动力。

与旅游需要相比，旅游动机对旅游行为的影响更直接，它是由旅游需要所催发、受社会观念与规范准则所影响、直接规定着具体旅游行为的内在心理动力源泉。旅游需要的是对旅游愉悦的追求，旅游愉悦的获得有多种多样的途径，不同模式的旅游体验会带来不同的愉悦体验。旅游动机是旅游需要实现的工具，要满足旅游需要，最直接的是将旅游需要转化或分解为具体的旅游动机，并借助于旅游体验来实现。旅游需要的实现除了要借助于旅游体验，还要借助于游客在具体的旅游情境中的独特行为表现。

总之，旅游内驱力一定是旅游行为的最根本动力，旅游需要一定是旅游内驱力的意识反映，旅游动机一定是旅游需要的实现工具，旅游愉悦一定是旅游需要的指向目标，而旅游体验一定是旅游愉悦的实现途径或手段。

四、旅游体验的目的与主要内容

快乐或愉悦是人的心理情感的一个范畴，与之相对的是痛苦或不悦。旅游中的痛苦往往是外界强加的结果或作为手段而存在的，旅游体验的终极目的是寻求快乐或愉悦，或者说，要获得旅游愉悦必须以旅游体验为途径或手段，而旅游愉悦的功能就是要满足游客"匮缺补偿，自我实现"的需求。"匮缺补偿"需求，是指旅游生成社会（旅游客源地）的表象反映，它表明游客在其常住地社会（旅游客源地）因其某些需求没有得到满足，于是短暂地从自身所在的社会出来，到非常住地社会（旅游目的地）寻求某种满足；而"自我实现"需求，是指游客具有不同的心理需求目标，但最终都表现为获得了愉悦，如果需求得以满足、目标得以实现，旅游的功能也就得以体现。

愉悦正是旅游体验的核心内容，而旅游体验及其满足程度则是旅游功能是否实现及其实现程度的测试手段。旅游中产生的愉悦大致上分为两类：一类是通过回归性的旅游体验所获得的愉悦，即旅游世俗愉悦；另一类是通过超越性的旅游体验所获得的愉悦，即旅游审美愉悦。

更进一步，审美愉悦又来自崇高体验与优美体验。崇高体验源于游客对自然之美所产生的震撼、惊叹、崇拜、敬畏与折服等激情心理；优美体验则源于旅游对象本身的美学特征及其与游客之间在心理上的某种契合与呼应。审美体验的主要情感源泉来自爱与"恐惧"，这是一种超功利性的体验。旅游中的愉悦与审美愉悦往往杂糅在一起，人们在愉悦体验中会得到审美的快乐，在审美愉悦体验中也会得到心灵上的满足。

五、旅游体验的类型

（一）娱乐型模式

这一模式也称为再创造模式或再生模式，它是游客通过娱乐形式以达到恢复体力与智能上的能力和能量，这跟游客所处的客源地社会所施加的"推力"有关。比如,当下我国很多大中城市居民去往城市郊区乡村的"一日游"就属于这种旅游体验。

(二) 转移型模式

这一模式是指游客因为厌倦了无聊、烦闷的惯常生活而"逃离"出来,暂时使自己远离世俗的世界,通过旅游方式实现惯常生活中的某种改变与转换。比如,当下中国"十一"期间,数以亿计的国民所做的中长途旅游就属于这种旅游体验。

(三) 体验型模式

这一模式是指游客在不改变自己原有的信仰、价值观念与生活方式的前提下,去寻求与自己不同的人群生活的意义,并从"异文化"那里获得经历与知识。比如,中国人到外国旅游、城市人到乡村旅游等,就属于这种旅游体验。这类游客在时间上则可短可长。

(四) 实验型模式

这一模式是指游客的目的是进入与自己熟悉的生活样式完全不同的、真实的生活中去,但这并不是其目的的全部,游客往往并不一定始终坚守这一信念,这类游客的体验实际上就是一次"实验"。比如,在旅游地长期居住的游客、在民族旅游地做田野调查的学者等,其花费的时间相对较长。

六、旅游体验的生成途径分析

(一) 食体验

食体验主要是旅游过程中人与旅游元素的互动。旅游中的食需求和食愉悦可以划分为两个层次，或者说两个方面，即世俗需求和世俗愉悦，审美需求和审美愉悦；或者说基础需求和基础愉悦，目的需求和目的愉悦。

1. 食体验之世俗愉悦体验的形成

进食是人体生理愉悦的重要方面。俗语说"民以食为天"，可见饮食是人的最基本的一项需求，在马斯洛的需求层次理论中，他也将对食物的需求（生理需求）列为最基础、最基本的需求。

对游客而言，食需求也是其最基本的需求，游客的旅游活动通常会远离日常生活环境，这时的游客对饮食没有自我创造的能力，而只有选择购买的能力。在旅行过程中，旅游的食需求是处于潜在的缺失状态。

食体验的世俗需求和世俗愉悦是指，游客只需要满足及时、安全、温饱的饮食需求即可，即此时食愉悦的满足条件如下。

①及时。只要机体的饥饿感能及时消除，紧张的神经就能得到放松，机体就可获得愉悦感。反之，由饥饿造成的神经紧张会不断加剧，直至恶化为精神萎靡，乃至病痛，会对旅游体验造成极大的负面影响。

②安全卫生。饮食必须是安全卫生的，如果旅游活动过程中发生因进食而造成的腹泻、呕吐等不良反应，将会对旅游体验的质量造成极大的负面影响，如果发生食物中毒等类似事故，对旅游体验的影响则是毁灭性的。

③温饱。即饮食服务能较好地消除饥饿感而没有其他副作用。

我们可以认为，宾馆、酒店和餐饮公司等都是在提供饮食服务，这些服务场所的服务是很重要的。为了让游客的基本需求得到满足，他们的服务必须满足以上条件。

但是，可能出现的问题是，在旅游旺季或旅游设施服务比较缺乏的时段和地区，即便是这些最基本的需求，有时候也难以得到满足。例如，在旅游旺季时去往火爆的旅游景区游览，就经常会发生在饭点时找不到吃饭的地方以至于忍饥挨饿；在偏远的旅游地游览时，如果计划不周，则很难找到餐饮服务点。有些餐饮服务商不注重食品卫生，或者为了赚钱而使用变质或添加了化学药剂的食材，往往很容易导致游客食物中毒。有些游客喜欢野生食材，但如果不加甄别或者加工不到位，也很容易发生食物中毒等现象。这些是游客在游览活动过程中需要关注的问题，也是旅游服务提供商的商业机会。食体验之世俗愉悦的形成虽然很容易满足，但一旦出现问题，对整个旅行过程的体验则是影响巨大的。

2. 食体验之审美愉悦的形成

食体验的审美愉悦是指游客通过对餐饮菜品的艺术性欣赏而获得的审美体验。餐饮菜品的主要功能是满足人们的愉悦需求，但在长期的发展过程中，尤其是在为上层社会提供服务的过程中，人们将很多艺术的成分添加餐饮菜品中，从而形成了各国各地区各民族独具特色的餐饮文化和餐饮艺术。

事实上，自旅游活动形成规模之后，美食之旅就是旅游活动的一大主题。以品尝美食为主题的旅游活动在满足食之愉悦的同时，还对餐饮菜品提出了更高的要求。不仅要求餐饮菜品达到色香味俱全，富有文化和艺术特色，还要求有良好的就餐环境、良好的餐饮服务。如果这些环节中有任何一个环节出现问题，游客的体验就会受到影响。

诚如上文所言，审美因游客主体的千差万别而各有不同。对于高端餐饮服务提供商而言，一定要提前收集或随时观察游客对餐饮审美的独特需求，以应其"口味"提供配套的餐饮菜品，以使其获得审美愉悦体验。

(二) 住体验

同食体验类似，旅游中的住需求和住愉悦也可以划分为基础需求和愉悦两个层次。

1. 住体验之愉悦的形成

旅游活动的异地性决定了游客在旅游过程中，需要在陌生的环境中寻找住宿的地方，因此游客的住需求处于潜在的缺失状态。为了使机体保持良好的状态，旅行过程中的住需求需要满足以下条件。

①及时。人们的起居因长期的习惯而形成了较为稳定的生物钟，依据生物钟的规律来起居生活，则能保持精力充沛的生理状态，如果不按生物钟的基本规律来起居，则容易造成机体生理功能的紊乱，轻则导致精力不济，重则导致疾病。一般来讲，旅游活动的组织者会对日程进行较为合理的安排，但在旅游旺季或服务设施配套不齐全的旅游目的地，则可能出现一些不可预见因素，而不能及时满足住需求。例如，航班延误造成正常航班改为"红眼航班"；因大雾、大雨等不良天气造成行程受阻，导致入住延迟；因预订出现问题而造成无法正常入住预订的酒店，而需要更换酒店等。这些问题的出现，都会造成无法及时入住休息，从而造成不愉悦的体验，会对旅游体验造成较大的影响。

②安全卫生。随着社会的发展进步，人们对居住环境提出了越来越

高的要求，尤其是对于私密起居的卧室，更是在安全卫生方面具有较高的配置要求。游客对酒店客房提出的最基本的要求就是安全卫生。安全要求包括游客在住店期间其人身财产安全不会受到威胁，同时，其居住期间的个人隐私不会遭到偷窥和泄露等。卫生要求包括客房设施要干净整洁，没有脏物异物，不会出现病毒细菌对人体健康造成影响的情况。

③舒适。酒店客房的舒适度虽然往往不及游客自己的家庭卧室，但也应该在基本的舒适度上予以保障。现代酒店大多遵循标准化的原则，酒店客房的床上用品和配套设施基本上都是标准化，但不同的游客对客房设施具有不同的使用需求，是极具个性化和多样化的，这就造成游客对客房设施多有投诉。如，有的游客喜欢硬板床，有的喜欢柔软的，但酒店客房客床的柔软度一般是固定的，只是客床的大小可以选择；又如，枕头的高低是影响游客睡眠质量的重要因素，很多酒店也注意到这一问题，因而标准化的客房通常都会为游客提供几个功能不同的枕头，即便如此，不少游客也觉得一个枕头太矮，两个枕头太高，时常影响睡眠质量。

为了在住层次的愉悦方面满足游客的需求，酒店需要提前了解或随时收集游客在住宿方面的个性化和多元化的需求，在提供标准化的设施和服务的同时，还需要根据游客多元化的需求及时调整设施和服务，以提高游客住的体验愉悦度，使其获得"家"的感觉。

2. 住体验之审美愉悦的形成

住的审美愉悦具有丰富的内涵。人类在与大自然长期的相融相生的过程中，对理想的人居环境进行了长期的探索和尝试。住体验之审美愉悦总体上来讲,具有两个层面,即宏观层面和微观层面。

在宏观层面,大多喜欢背靠大山,前临大川,不仅处在良好的自然环境的怀抱之中,而且也是"气"所生之地。

在微观层面,即是对居住客房的装饰性审美。宾馆酒店的装修装饰也是大有学问,需要针对不同的客源市场设计不同的风格。对于文人学者来说,需要注重装饰的文化内涵,文人以君子自居,松、竹、梅、兰、莲为其所喜爱和敬重,内部装饰需要多有这类元素方可形成具有君子风度的审美场域。对于艺术家群体来说,其往往具有前卫思想,而且突破常规,那么装饰则不能因循守旧。总之,不同的内部装饰元素的设计,会形成不同的场域空间,而这种场域空间,只要能与游客的潜在审美需求形成对应,就能促生良好的审美体验效果。

除此之外,对住体验的审美需求还体现在新奇刺激方面。求新求异是游客获取精神满足的重要方面,在住体验方面,随着科技的发展,人们已经能够在各种独特的环境里提供住宿设施。如,在冰屋中住宿、在树屋中住宿、在海底住宿、在"太空"住宿等,这些新奇的住宿方式,颠覆了人们对住宿舒适度的需求,满足的是人们获取新奇体验的需求,也能为游客创造审美性的住宿愉悦。

(三)行体验

行是旅游中的重要元素,马宝建认为"走行是旅游学的逻辑起点"。王安石在《游褒禅山记》中写道,"而世之奇伟、瑰怪,非常之观,常在于险远,而人之所罕至焉,故非有志者不能至也。"行体验包含着人与旅游场和人与活动的互动,其愉悦的形成主要包括体验和超验体验两个层面。

1. 行体验之愉悦的形成

行体验的愉悦与食体验和住体验相类似，需要满足以下的主要要求。

①安全。旅游的异地性决定了游客必须经历"行"的过程。由于很多优质的旅游地都在险远之地，因此，行的过程往往需要耗费较多的人力、物力和财力。虽然现代交通工具已经越来越发达，但是旅游途中的安全事故还是时常发生。尤其是旅游大巴车在长途公路或山地行车时，其危险系数相当大。行的安全性仍是旅游途中最需要保障的重要方面之一。

②舒适。随着交通科技的发展，虽然交通工具的舒适度在大幅提升，但其使用面积仍然十分有限，起居的舒适度还是远远不及日常环境。同时，由于游客各自的身体状况不同，游客机体对交通工具的颠簸的适应能力各有不同，有相当多的人就存在晕车、晕船的情况。为了满足游客舒适度的要求，就需要在不断增强交通工具舒适度的同时，通过位置选择、小环境营造、药物调控等减少游客的不适感。

③快捷。在追求行体验的愉悦方面，快捷也是基本的要求。在大多数情况下，旅游愉悦和审美愉悦的获取是在旅游目的地或者旅游景区完成的，因此，到往旅游目的地的过程是越快捷越好。在实际的旅游服务提供过程中，到目前为止，飞机是最快捷的交通方式，这也是航班开通的数量和密度越来越大的原因。在全行程时间固定的情况下，缩短行的时间，既能为游玩提供更多的时间，也能为游玩提供良好的体力支持。如果时间和精力都消耗于"行"的过程中，则旅游体验的质量必然会大

打折扣。从行体验的愉悦的角度来看，行是为游服务的，因此，有研究者将旅游中游与行的时间之比作为衡量旅游服务质量的衡量标准之一。行在整个旅游行程中所占的比重越小，所耗费时间和精力越少，则越有利于整个旅游行程的良好体验的形成。

2. 行体验之超验愉悦的形成

超验愉悦是指游客主体因超验体验的经历而获得的愉悦的心理感受。行体验之超验愉悦有不同的类型，其形成过程也各有不同。需要注意的是，行体验之超验愉悦的形成既可以是在"行"（到达目的地之前）的过程中，也可以是在"游"（在目的地内部的行）的过程中。

①交通工具带来的超验愉悦。如果说电影是由多种艺术元素组成的综合体的话，那么旅游则是由各种吸引物元素组成的综合体。对于出行经历较少的游客来说，独特的交通工具也能使其产生审美愉悦体验。如，第一次乘坐飞机的新奇感，第一次乘船的颠簸感，乘坐马车的古典感，乘坐豪华轿车的舒适感等。这些体验，契合了人们求新求异的心理需求。

②完成挑战带来的超验愉悦。在旅游体验研究的"挑战—技能"模型中，研究者认为，具备较高技能的游客在完成具有较高挑战性的旅游活动后，会产生较为愉悦的体验。登山、骑行等旅游活动即以此为主题，其"行"完成的本身即能带来极大的心理满足。这一点，与马斯洛所提出的自我实现的需求具有一致性。

一般而言，"行"是为"游"服务的，但"行"本身是一种活动，这种活动本身就具有丰富的内涵。如果要对旅游活动的本质进行深入的研究，那么对"行"的研究将是必不可缺的一部分。

（四）游体验

游体验主要是游客主体与旅游场的互动，其愉悦需求主要表现在愉悦和审美愉悦两个方面。

1. 游体验之愉悦的形成

游体验之愉悦的形成主要要满足以下要求。

①安全。名山大川固然景色迷人，但其探寻过程也往往充满艰险。冒生命之危险是探险家和旅行家的爱好，不是大众旅游群体所能承受的。无论如何，旅游的终极目的是获得愉悦，保障安全始终是第一位的。只有让游客感受到旅行的安全性，游客才能安心去享受旅行的美好过程。

②舒适。舒适既是游的基本要求也是基本目的。在紧张的工作之余，人们参与旅游活动的基本目的就是放松身心。旅游目的地因具有更好地满足身心舒适要求的条件而受到游客的青睐。如更适宜的温度和湿度，更高的负氧离子浓度，更开阔的视野，更洁净的空气等。

游是旅游活动的核心之一，在愉悦需求层面，游客需要的主要是机体的放松和愉悦。散步、划船、泡温泉等活动，都是在舒适的环境中通过机体神经的放松和舒缓来获得愉悦感。要关注游体验之愉悦的形成，需要旅游服务提供商了解人体生理学的相关知识，以满足人体生理机能为目的来提供服务。

2. 游体验之审美愉悦的形成

游体验之审美愉悦的形成主要体现在对旅游元素的欣赏。根据旅游元素的不同类型，本文将其划分为自然游审美和文化游审美。

（1）自然游审美

自然游审美的审美对象为自然旅游元素。自然旅游元素是在长期的自然地质变迁的过程中形成的，其本身并无美不美之分。但人类在与自然相生相融的过程中，赋予了自然元素以审美特质。如"知者乐水，仁者乐山，""高山仰止，景行行止""岁寒三友""松竹梅兰四君子"等。在自然旅游的过程中，如果游客具有一定的审美素质，且有意愿关注自然元素的审美，则能达到"观山则心高如山，观水则心静如水，观松则气节如松，观莲则高洁如莲"的物我一体的审美状态。但目前在自然旅游中普遍使用的象形拟人欣赏方式，是缺乏审美特质的。自然旅游审美要注重原生性，山川之壮阔，在于其经历了亿万年的沧海桑田，梅莲之高洁在于其能真正地傲雪而生和出淤泥而不染，其审美意蕴的产生完全是人为生造的，但是具有自然的真实特质。有些旅游目的地的开发建设忽视了原生性的原则，大量置入人为建设元素和景观，虽然在一定程度上丰富了景观，或者便利了旅游活动，但却在根本上破坏了其审美特质。

（2）文化游审美

文化旅游元素与自然旅游元素的形成存在根本的不同，它们是人类创造的结晶，无论其自身是否具有功用性，其都具有丰富的文化性，体现着其所创生的时代的特质和诸多的人文渊薮。对于游客来说，文化游审美并不容易实现，它需要游客具有一定的文化和审美素养，方能进入旅游元素所具有的文化场域和符号场域中。尤其是对于一些年代较为古老和艺术性较强的文化旅游元素，倘若不具有一定的专业知识，根本无法识别其价值。

文化游审美要注重原真性。历史文化元素正是因为具有真实性才值得人们去欣赏，如果丧失了原真性，其文化价值也就荡然无存。由于历史久远，有很多历史遗迹和人文景观已经受到了严重的损毁。为了还原历史原貌，不同领域的研究者和建设者采取了各种不同的措施来复原它们，例如，采用修旧如旧的方式来修复古建筑，采用虚拟现实技术来还原历史遗迹等，这些都具有积极的意义。但与此同时，在文化旅游的开发过程中，也出现了很多虚假开发的事例，虽然一定程度的虚拟和改造仍然能够为游客带来审美愉悦体验，但这属于文化再造，应该与文化游的原真性有所区别。

（五）购体验

购体验主要是游客主体与旅游元素的互动，其主要表现为对审美愉悦的寻求。可以认为，旅游购物的目的并不是获取物品的功用价值，而主要消费的是其符号价值。本研究认为，购体验之审美愉悦的获取主要在于所购之旅游商品需要具有较高的符号性。旅游商品的符号性表现在以下几点。

1. 地方性

地方性是旅游商品符号性的主要体现。旅游商品的购买无论是为了自我消费、收藏还是馈赠，都是在展示游客曾到此一游。在旅游活动尚不是十分普及的情况下，炫耀性是旅游消费的重要属性，这种炫耀性尤为明显。而地方性的符号标识恰好能够潜移默化地发挥炫耀性的特质，满足游客的心理需求。

2. 独特性

物以稀为贵，越是独特稀有的物品，人们越有可能赋予其符号性和更高的审美价值。同时，对稀有物品的拥有也是在间接显示物品拥有者的身份和地位。

目前，旅游购物活动颇受游客诟病，也是旅游投诉最多的方面。除了导游引导游客购物以获得回扣外，另一主要原因即是旅游商品的地方性和独特性的丧失，以及粗制滥造的泛滥。

优质旅游商品的推出，能够满足游客对旅游符号性的消费需求，同时也能使游客获得对地方文化和地方特色的审美需求，相信能够获得很好的市场效应。要达到这一效果，当然需要众多部门的参与和配合。从旅游商品开发和推广的角度来说，旅游产业的发展仍然是任重道远。

（六）娱体验

一般来讲，人们参与娱乐活动主要是出于两方面的目的，一是培养彼此之间的感情，另一方面是锻炼行为技能。因此，本文认为，娱体验主要是作为旅游主体的人与人的互动和人与活动的互动，娱体验之愉悦的满足主要是超越体验愉悦。

1. 人与人互动之超验愉悦

人与人互动主要是为了沟通和培养感情。从人类生物进化的角度来看，人作为群居动物，必须与他人建立一定的情感纽带，以此形成良性互助关系，方能促进群体的进化发展。旅游中娱乐活动的进行，在一定程度上也是这种生物进化发展的需求。

现代社会人口密度越来越大，生活资源越来越稀缺，造成工作压力越来越大，人际关系的协调越来越难。在日常生活中，人们的活动往往带有较强的功利性和目的性，因而，要想在日常工作中建立良好的人际关系往往具有一定的难度。旅游娱乐活动情境的独特性在于，其超越了日常工作环境的功利性和竞争性,是一种放松无竞争的娱乐活动环境。在此情境下,人们可以摆脱日常工作环境的角色限制,轻松地与朋友沟通感情,或者与陌生人建立新的情感关系。这就是越来越多的公司举办旅游休假和户外扩展活动的原因。

对于大多数游客来说,其或多或少都存在一定的情感缺失,这种情感缺失可能处于显性状态,也可能处于潜在的隐性状态。通过旅游娱乐活动之人与人的互动,游客处于缺位的情感需求如果能够得到满足,或者说潜在的情感需求能够得到激发并得到满足,那么游客就能获得超验愉悦。

2. 人与活动互动之超验愉悦

人们参与娱乐活动的另一重要方面是培养技能和锻炼心理素质,这也是人的全面发展和自我实现的需求。"挑战—技能"代表理论认为,如果旅游娱乐活动的挑战性太强,而游客参与此项活动的技能不足,则会使游客产生畏惧,盲目参与,还会导致出现人身安全事故;如果娱乐活动的挑战性太低,而游客参与活动的技能较强,则会使游客感到厌倦,由此造成不愉悦;只有当娱乐活动的挑战性略高于游客的技能水平和心理承受能力时,游客通过对活动的成功而提高技能水平和心理素质,因此而能获得超验愉悦。

"挑战—技能"模型要求旅游服务提供商在设计娱乐活动时,要注重对活动参与者进行细分,针对不同类型的旅游参与者提供不同类型的活动挑战强度。

第二节 智慧旅游与旅游体验的关系

一、智慧旅游为旅游体验提升提供了"推"力

内部游客旅游体验需求和外部旅游资源影响旅游动机。而智慧旅游提供的旅游资源，例如快捷准确的餐厅选择，舒适的酒店环境，便捷的交通，智能化的游览过程等，正是从外部满足了游客或是逃离世俗环境，或是寻找自我和评价自我，或是放松身心，或是增进亲友关系以及加强社会交往等的体验需求，可是说智慧旅游是以"游客的需要为标准"，来设计和销售旅游体验产品，从这一层面上来说，智慧旅游为旅游体验提升提供了"推"力。

二、智能技术能够提供超出游客期望的旅游体验

旅游体验的质量总体上来说就是一个关系：即实际旅游体验与旅游期望的关系。换一个角度来看，在旅游的过程中，想要使游客获得高质量的旅游体验，关键的一点就是要提供超出游客期望的旅游体验。而智慧旅游通过智能手段的应用，将科技领域的一些成果，最先应用到旅游行业，这些技术所带来的旅游体验对于游客来说是新奇的，出乎意料的，甚至是惊喜的。因此，智能手段的应用，对于游客旅游质量的提升应该是非常有帮助的。

三、提升旅游体验是智慧旅游发展的必然趋势

自"智慧地球"概念首次提出后,吸引了世界各国、各界的多方关注与参与。智慧旅游将新一代的信息技术充分运用到旅游产业链上,带来旅游业的二次革命,传统的"点菜服务"变成了智慧旅游的"贴身服务"。智慧旅游的战略定位是"人本旅游",只要输入关键词,系统就会筛选出所有相关信息,并实时发到游客接收终端。旅游云信息量大、覆盖面广、更新快,使游客能及时、准确地获取所需信息。智慧旅游的这些发展趋势实际上是为了更好地满足个性化的游客需求,满足游客获得高质量的旅游体验。因此,提升旅游体验是智慧旅游发展的必然趋势。

四、智慧旅游是提升游客满意度的有效途径

智慧旅游最直接的结果就是提供给游客个性化的选择,进而提升游客的满意度,提高游客在旅游目的地旅游和休闲的效率。通过智慧旅游,游客可以及时发布自己在旅游活动中的各种感受(包括投诉),使相关企业和机构能够及时掌握实时信息,及时作出各种处理;游客也可以通过智能移动终端分享自己旅游的感受,让游客获得心理上的满足感;游客还可以通过基于位置的服务大大缩短信息查询的周期和决策时间,提高旅游活动的效率。这些都可以让游客的满意度提升。

第三节 智慧旅游背景下提升旅游体验的策略

一、发展政府智慧旅游公共服务系统

政府智慧旅游公共服务体系是指由政府或其他社会组织提供的，不以营利为目的，具有明显公共性的，以满足游客共同需求为核心的公共产品和服务的总称。它将旅游供应商、旅游监管部门等旅游市场活动主体的活动串联在旅游交通、旅游安全公共服务、旅游环境公共服务等各个旅游信息需求部分。智慧旅游公共服务体系以提升游客满意度为核心，以旅游信息服务为主体，目的是满足散客在旅游过程中的食、住、行、游、购、娱过程中，对于旅游信息的丰富性、可比性、及时性和获取的便捷性的需求。对于通过市场运作可以实现的服务，政府应该出台相关政策，进行支持与监管。对于企业不愿意做但关乎大局的任务，政府应大力推动。例如，线上服务以本地企业提供的旅游资讯服务为主体，满足游客的多元化需求，借力覆盖全国范围的旅游企业的数据库资源延伸公共信息服务，政府予以规范监督。线下智慧旅游公共服务基础设施部件，由政府牵头运营。旅游管理部门也通过智慧旅游公共服务的提供，获取游客的信息和市场运行的实时数据，增强管理的时效性和针对性。总之，通过构建智慧旅游的公共服务体系，切实改变旅游产业促进方式、提升旅游服务水平（让游客感觉和本地居民一样便利地生活和休闲旅游）、提升旅游城市的形象、加强对旅游市场的监管，从而为游客提供快速、准确、全面的各种信息服务。

智慧旅游的旅游公共信息服务是旅游公共服务体系的主线，旅游公共信息服务渠道的多样化客观上决定了其服务方式的多样化，在传统的文字、图片之外，更多地采用视频、声频、视听等形象生动的表现手法，而且更多地突出即时互动特征。通过网络渠道提供旅游公共信息已经成为现代旅游信息服务的主要渠道之一，除了传统的旅游资讯、统计数据、视频短片，更有虚拟旅游、互动社区、微博等现代化的手段，尤其值得关注的是旅游官方微博的兴起和普及。微博以其时效性强、覆盖面广、信息量庞杂的特征成为旅游公共信息服务的重要表现形式。政府旅游公共信息服务平台主要由旅游服务信息发布系统、呼叫中心、政策咨询交互平台、旅游投诉及经营监督系统、旅游行情监控及分析系统、应急控制中心和调度响应中心等部分组成。

二、旅游网站智能化建设

由于互联网的普及，网络越来越成为游客获取旅游信息的重要途径，旅游网站的定位和功能应该从最初的单纯提供旅游资讯到提升旅游目的地形象。当今处于网络时代，大部分人的日常生活都离不开网络，尤其是20世纪80年代之后出生的这部分群体，他们热衷于网络，并且对网络的依赖程度极高。购物，娱乐，信息交流都可以通过网络完成，他们更加注重个性化和参与，他们更加独立，希望出游前能掌握更多资讯。信息技术和互联网的发展恰恰为他们提供了这样一个获取信息的渠道，而我们的旅游景区如何利用这些信息化技术和工具，设计并创造出能够满足这些新兴消费者需求的产品和服务，也是我们亟待解决和探讨的一个课题。旅游电子商务的发展非常迅速，有酒店和机票预订的；有门票预订的；有线路预订的；有酒店管理的；还有很多大大小小的专业的和与旅游相关的预订网站。这些旅游电子商务网站构成了目前网上旅游收入的主力军，并且增长速度很快。智慧旅游是网上旅游交易的助推剂，移动支付是另一个强大的助推剂。

旅游网站智能化建设需要寻求新思路。传统旅游销售是由商家提供价格，消费者在进行选择后购买，旅游网站智能化建设可以采用由消费者定价的方式。比如客户因为可以按照自己的接受范围来预订相应价格的酒店等，所以通常情况下，客户要得到相同服务可能只需要大约一半的价格，智能化旅游网站在为买卖双方提供信息平台的基础上提取一定佣金。再比如，可以建立平台，让游客相互进行度假房屋交换，走假日房屋租赁在线服务提供商的发展路线。从城市到山村，覆盖范围极广，使不同游客都能够方便地找到满足各自需求的度假房屋。此外，智能化旅游网站还可以将游客通过各种渠道产生的预订记录进行整合，从而给顾客提供一份完整的电子行程计划，包括可选航班信息和酒店奖励积分追踪等服务，互动性很强。顾客还可以将其行程与其他人分享。

三、旅游监管机制与反馈平台

在旅游活动中，由于种种因素，游客的权益可能会受到威胁和破坏，客观上需要有健全的旅游监管与投诉机制。因此，相关部门应该进行监管建立旅游反馈平台。随着二维码开始应用到旅游景区、旅游商店，二维码的信息传递功能正在发挥越来越重要的作用，相关部门应该加强对二维码的监督，防止二维码的滥用和信息不实。旅游反馈平台是获取游客反馈，提高游客重游率的平台。游客可以通过游记、照片、视频、漫画等形式，在不同的网络媒体上发表，比如微博、新闻、论坛、贴吧等。翔实可靠的旅游记录是游客的体验和感受，同时为后来者提供了参考与帮助。消费者之间的这种信息沟通显得更真实一些，这些信息对于旅游企业而言，也是非常重要的，可以帮助旅游企业加强管理，提高旅游服务质量。这样既改变了传统的单向沟通，加强了游客与旅游市场监管部门之间的联系，也为消费者的投诉与处理开通了绿色通道，实现一站式处理反馈和投诉。

通过移动终端软件，例如旅游体验分享软件，可以将游客一天的行程记录下来，然后上传到互联网分享。此类应用软件的操作简单，手机不需要互联网连接，可自动定期将路过的足迹记录到 GPS 上，它的主要功能具体如下：标注特色地方，如博物馆、酒吧、餐厅、景点，同时可将照片记录在确切的位置与人分享；写旅游感想，可以将个人在旅游过程中的想法和感受随时记录下来，作为其他游客的参考；照片，用户可以直接应用程序或外部设备拍照，及时上传，同时作出说明或发表评论；同步数据到互联网，实现分享。通过连接 5G 网络或无线网络可同步数据，与家人朋友分享一天的行程，并可以实时发布到微博、微信等平台。

四、设立智慧旅游体验中心

智慧旅游相对于传统的旅游形式应该是更加智能化的，更贴近生活，容易被游客掌握和利用的。尽管智慧旅游已经在实践中被越来越多的人认识和使用，但是由于年龄层次、受教育水平以及硬件条件等因素的限制，智能技术的推广存在一定的局限。例如中老年人群，他们对于现在的智慧旅游方法的认识程度相对较低，需要更多的时间接受和掌握。智慧旅游体验中心是将智慧旅游带到人们的日常生活中的一个媒介。它一方面可以普及智慧旅游知识，增加应用人群，另一方面也可以提升旅游目的地形象。体验中心提供的服务应该包括：信息服务（免费网络，在线规划下个旅游线路）；下载免费的移动智能终端应用（交通查询、在线预订）；景区服务（景区交互式触摸屏系统，移动短信、彩信服务终端，志愿者服务，休息娱乐、欣赏周边景区介绍，历史文化介绍）；消费服务（特产推荐、手工艺品、当地特色、消费优惠券打印）。

第九章 智慧旅游城市的打造

智慧旅游城市是在智慧城市和智慧旅游的基础上产生的,是两者的结合,也是旅游城市面对日益突出的"大城市"问题应运而生的解决方案。智慧旅游城市代表着城市转型的最新理念与方向,以信息化、智能化为主要途径,提高旅游服务效率。将科技融汇到满足游客的个性化需求、满足旅游企业的便捷运营、满足旅游管理部门的科学管理等各个领域,促进旅游信息资源共享,全面提升优秀旅游城市的接待服务水平。

第一节 智慧旅游城市概述

一、智慧旅游城市的含义

智慧城市指的是充分借助物联网、传感网,涉及智能楼宇、智能家居、路网监控、智能医院、城市生命线管理、食品药品管理、票证管理、家庭护理、个人健康与数字生活等诸多领域,把握新一轮科技创新革命和信息产业浪潮的重大机遇,充分发挥信息通信产业发达、RFID相关技术领先、电信业务及信息化基础设施优良等优势,通过建设基础设施、认证、安全等平台和示范工程,加快产业关键技术攻关,构建城市发展的智慧环境,形成基于海量信息和智能过滤处理的新生活、产业发展、社会管理等模式，面向未来构建全新的城市形态。

　　随着现代科技的迅速发展，互联网技术被大量运用，建设智慧城市，发展智慧旅游成为新的发展趋势。而随着城市化进程的加速，技术发展和信息产品使用日趋成熟，散客时代自助游不断发展，旅游市场对旅游体验提出更高的要求，在信息科技的推动下，旅游业逐渐从"信息化"时代和"数字化"时代大步迈进"智能化"时代，智慧旅游城市的建设便成为旅游城市转型升级的途径之一，代表着城市转型的最新理念和方向。

　　因此，"智慧旅游城市"的概念主要是针对旅游城市的产业升级而提出的。可将其定义为：基于云计算、物联网、移动通信等高技术手段，作为旅游目的地城市的技术支撑，依托智能手机、电脑、企业应用、金融等无线终端，通过借助城市的旅游信息资源，建立旅游电子商务、电子政务、旅游智能管理、监督等信息化平台，以游客、旅游企业等为主要服务对象。将现代信息技术运用到城市发展之中，能够促使智慧旅游逐步成为旅游城市创新发展的新引擎，成为旅游城市转型升级的新途径，为行业管理和旅游企业管理提供更高效、更智能化的信息平台，同时也为旅游管理部门进行精细化管理提供一定的科学依据，提高城市旅游的公共服务质量，满足游客差异性需求，从而不断提高游客旅游体验质量，同时也成为不断提升旅游城市品牌形象和旅游竞争力的关键支撑。

二、智慧旅游城市的特点

(一) 旅游业与信息技术产业紧密融合

随着信息技术的飞速发展，信息资源日益成为重要的生产要素，并与其他产业融合发展。20 世纪 80 年代，信息技术应用于我国旅游企业，一大批旅游电子商务网站的兴起，文化和旅游部信息中心的独立和"金旅工程"的实施，为我国旅游信息化建设打下了坚实的基础。

智慧旅游城市实现旅游业与最先进技术产业的结合，为旅游城市的发展开辟了一条新的发展道路。首先，旅游宣传营销网络媒介更加丰富，媒体价值得到有效释放，网络口碑传播对于旅游营销的影响日益凸显，旅游网络营销平台呈现蓬勃发展态势，垂直搜索类网站、旅游点评网站等新兴业态不断涌现，极大丰富了旅游宣传营销的渠道和方式。其次，智能手机等移动终端在旅游业中的应用日益频繁。基于位置的移动应用、用手机进行旅游产品的预订中的周边服务等技术手段和应用已经成为旅游城市公共服务的重要内容。最后，云计算技术与物联网技术等先进技术应用于旅游管理系统，实现安全监控、智能办公等方面的智慧化，真正实现集约化、智能化、统一化的智慧旅游管理。

(二) 旅游产业范畴扩大，拉动更大社会价值

旅游业和信息技术产业这两者的关联度本来就很强，信息技术与旅游业的结合带来更大的产业链延伸，孵化出更多新兴产业和部门。智慧旅游城市中，产业之间交叉繁多，形成密集的产业网。主要体现在 3 个方面。

1. 旅游全产业链价值

建设"全产业链"的现代旅游业，是落实国务院关于加快发展旅游业的意见，也是满足消费并创造消费的必由之路。智慧旅游全产业链体现在要全面与第一、二、三产业集成，拓宽到旅游食、住、行、游、购、娱等各方面。

2. 产业融合价值

产业融合是现代产业发展的重要特征，旅游是一个巨大的市场，合作和融合不会使旅游产业和旅游部门的功能弱化，相反只有合作才能共赢，只有融合才能获得更多发展机会。

3. 产业跨越价值

智慧旅游打破了第一、二、三产业传统上严格的界限划分，并且将各大产业间进行柔性融合体现出跨越产业间的超额价值。旅游产业链上下游各个关键系统和谐高效地协作，达成城市旅游系统运行的最佳状态，智慧旅游对相关企业、产业、城市、区域乃至国家社会经济都起到不同程度的拉动效应。

此外，智慧城市的信息应用以开放为特性，并不仅仅停留在政府或城市管理部门对信息的统一掌控和分配上，而应搭建开放式的信息应用平台，使个人企业等个体能为系统贡献信息，使个体间能通过智慧城市的系统进行信息交互，充分利用系统现有能力，极大地丰富智慧城市的信息资源，有利于促进新的商业模式的诞生。

（三）旅游公共服务体系健全，社会生活旅游智慧化

智慧旅游城市针对散客市场占据主体地位的现实环境和发展需求，

逐步实现城市公共服务体系，特别是面向游客的旅游公共服务体系健全化、智能化。实现从旅游宣传营销体系到旅游接待服务体系，从旅游目的地网站集群、旅游呼叫中心、旅游集散中心、旅游咨询服务中心到遍布城市交通枢纽、旅游企业等旅游信息触摸屏的立体化全面建设；实现从旅游信息服务内容到服务方式的智能化、多样化，从体系建设、运营到维护的协同化、长效机制化。

（四）城市旅游创新微环境和激励机制健全

随着微博、微电影、微信等一系列"微"事物的出现，现代生活进入"微"时代。快节奏的社会生活，急躁的社会心态，海量信息的流动，年轻人的引领构成微时代相对于其他社会状态的转变显得更加急促和迅猛。

对比其他行业来看，旅游企业的生产过程更加需要创意、需要智慧。例如，旅游营销不仅是有效传递信息的问题，更重要的是要创造智慧、提供智慧，把旅游的营销打造成智慧的营销，打造成智慧的产业。现在"编故事""摄影大赛""祈福活动"等创意层出不穷，都是智慧的产物、智慧的代表。并由此深化，创造文化营销和情感营销等系列新方式，如进行社区营销，提倡环保理念的营销等。从现在来看，很多地方的旅游营销已经构造了一个比较好的发展模式，这就是政府、产业、学界、民众和媒体相结合，称为"官、产、学、民、媒"相结合的总体模式，形成了模式的组合与模式的互动。

三、智慧旅游城市的整体架构

智慧旅游城市的总体架构一般由一个平台若干个支撑体系以及相应

的基础环境构成。一个平台是指智慧旅游城市平台。支撑体系需要包括：旅游行业规范及监管；旅游产品及服务超市；语言服务交流及响应；智能虚拟导游服务；跨平台感知及响应；综合运营中心等。基础环境包括智能化技术；研究开发和实验测试；推广应用以及培训等。

智慧旅游城市平台体现电子商务、电子政务、智能服务、运营感知、云计算存储及分布的物联网综合性能。表现出公平、公开、公正、安全、高效、和谐的特点。

（一）一个智慧旅游物联网平台

集先进理念、先进技术、创新管理、创新运营模式的集成平台，由政府搭建，提供给游客、旅游服务企业等在平台上运营。服务均按规则和标准呈现，并运用物联网的新技术以最便捷的方式呈现，让所有享受到现代服务的游客、旅游服务企业体会到智慧旅游的便捷并从中获得收益。

（二）若干支撑体系

在新的发展形势下，基于新技术创新旅游行业管理及监管模式是旅游物联网平台建设和运营的重要支撑体系，同时，平台的运营也是行业主管部门将创新的管理和监管模式体现和落实的重要抓手，影响到整个行业在新的社会和经济发展形势下如何有效地引导旅游行业健康、和谐成长和发展，因此，这一体系的建立是旅游物联网平台的基础。

旅游超市是将旅游服务的各企业、服务项目如同超市展台一样展现在服务对象面前，让游客、旅游服务企业自由组合、公平交易、接受监督和监管，保障各方面的利益和安全。这一体系架构是智慧旅游平台的主要构成和表现形式。游客利用电子商务，享受网络预订，全部行程清晰列单（行程单），可以自己打印套票，也可以接受套票手机码，通过便捷、安全的网络支付手段处理账务。方便的同时保障质量和安全。

语言服务是智慧旅游的重要特色，包括多语言版本的响应服务和各类语言与中文的转换甚至自动翻译的智能化语言服务体系。

智能虚拟导游体系是利用电子地图的智能优化分析，根据游客或旅游企业的偏好给出最佳的景区景点、酒店、其他设施及线路和顺序的建议，并直观地展现在电子地图上。利用虚拟现实技术，可以模拟已经选择的线路和场景，虚拟化体验流程和周边感受，经历全程完整的虚拟旅游和智慧旅游的体验。这一体系充分展现智慧旅游平台的智能化、实用性和趣味性，成为智慧旅游平台吸引游客、旅游企业的有力支撑体系。

智慧旅游平台需要跨平台感知，需要实现与公路、铁路、航空、海运等交通平台，与酒店、餐饮、购物、文化娱乐等平台的互动和交流。有各个平台进行互动感知的支撑体系，才能够实时获取真实的信息，为智能化运营提供保障。可以通过全面的物联网技术，为智慧旅游服务平台的建立和运营提供技术保障，同时，整个智慧旅游平台的综合运营需要有强有力的运营体系作为支撑。

旅游市场的运营需要用市场的方式进行运作，因此，建设基于电子政务、运营电子商务的操盘方式，可以很好地用市场规则和手段合理地引导和吸引各种旅游服务行为规范运营，同时基于感知系统及时获取市场的细微动态、及时应对调整、及时响应服务，通过呼叫中心、信息发布、综合宣传、平台架构调整等多种运营方式保障平台的健康运营。

（三）相应的基础环境

一系列成熟的智能化技术是智慧旅游城市的基础保障，随着科技的发展，许多技术已经成熟，甚至都可以找到各自的应用案例。运用成熟的技术，可以搭建智慧旅游城市必需的基础性环境，包括智能识别技术，例如电子门票等；智能监测技术，例如客流监控和资源管理等；智能定位技术，例如移动位置应用及周边服务，还包括城市环境应急处理服务等；智能感应技术，例如设施及路径自动提示、自动判断行为；智能化安全技术，例如数据备份、容灾恢复、系统安全维护等。这些研发和创新应用都需要有实验和测试环境，通过试用，不断地总结、提炼和反馈得到有价值的资料及信息，可以促进系统开发和升级的尽快完善及投入应用。因此，实验测试环境必须建立在类型多样、涉及面广泛、可及时提供有价值的改进建议等基础环境上。

第二节 智慧旅游城市建设研究

一、建设智慧旅游城市的意义

（一）有利于推进城市旅游产业升级

从相关数据看，近年来旅游收入在各地 GDP 所占比例的增幅一直维持在高位。如今，游客消费需求呈多样化发展趋势，而旅游产业配套服务不完善、线路同质化、景点开发不足等局限性也日益突出，不仅影响游客的旅游体验，也使游客的旅游满意度和旅游意愿逐步降低。同时，一些地区旅游产品设计创意不足,不乏为追求短期利益而对旅游资源进行过度开发的现象,部分地区的非物质文化遗产、自然资源等保护情况堪忧,旅游经济投入与实际效益失衡。此外,行业之间的不良竞争,特别是不合理的价格战,导致市场环境日益恶化。

为解决这些问题,各地应对当地旅游资源进行整合,对旅游服务模式进行改革,推进旅游产业全面升级。随着智慧城市的逐步建设与完善,以此为基础打造智慧旅游城市,可以在相关部门主导下对城市旅游产业布局进行优化,通过搭建线上管理平台,为游客提供信息服务咨询;整合各方面力量,共同优化城市旅游产业结构,进一步完善产业链条,为游客带来更好的旅游体验。

(二) 有利于满足游客的个性化需求

随着游客旅游消费频次、经验的增加与积累,游客对产品与服务价值有着一套自己的评价标准,而传统的景点游览模式、购物模式、餐饮模式等已很难满足这部分游客的需求。因此,如何满足游客的个性化需求成为旅游企业寻求经济效益增长的突破点。

满足游客的需求就要先明确游客的需求,应用移动互联网技术是明确游客需求的最佳手段。具体来讲:一方面,游客在出行前会规划行程,如采用智能手机等移动智能终端查询相关信息,或与他人交流等,以期找到符合自己需求的出行方式、景点路线等;另一方面,企业可以通过各类互联网平台发布、采集、挖掘以及分析相关信息数据,对游客的需求进行准确预测,优化自身经营策略,在一定程度上避开同行业的价格竞争,并依靠某一个特色产品与服务,提升经济效益。所以,智慧旅游城市的建设可以在游客与旅游企业之间搭建交流互动的平台，让二者直接对接，进一步满足游客的个性化需求，促进城市旅游产业健康发展。

(三) 有利于带动城市以及周边经济蓬勃发展

大数据时代背景下，旅游产业链实现了大范围延伸，涉及服务业、农业等很多传统产业，在一定程度上带动了当地文化创意绿色农业、民宿等新兴产业的发展，进一步挖掘了城市以及周边地区的经济增长点。这些都得益于智慧城市的建设，因为随着智慧城市建设的深入，城市旅游产业信息化管理平台也日益完善，在信息技术以及系统的支持下，城市各市场主体可以借助平台共享资源并加强合作，进一步推进城市以及周边地区旅游产业的发展，为游客提供更多独具当地特色的旅游产品以及个性化服务，逐步改善城乡经济发展的不平衡问题，使城市保持经济发展的活力，实现可持续发展的目标。

(四) 有利于优化城市建设以及管理决策

目前，个人智能设备生产技术和移动通信技术不断进步，特别是5G全面普及后，智慧旅游城市建设将如虎添翼，不仅能促进旅游产业结构的改善，也能整合、挖掘和分析其他领域的大数据，以利于优化城市建设以及管理决策。首先，智慧旅游城市可搭建一体化的城市旅游信息管理系统与服务系统，对城市游客流量、流动趋势消费额进行实时汇总与分析，旅游企业可及时掌握参数的变化，然后对旅游周边产品的生产与销售，餐饮住宿、景点运营等方面的影响进行预测，为制定科学、合理的管理方案提供有价值的参考依据。其次，随着智慧旅游城市建设的推进，相关基础设施建设逐步完善，能够对城市既有的信息化管理系统资源进行整合，为基础构建旅游服务平台与管理平台，并与城市环境管理、土地资源管理等部门共享信息，进而在提升资源利用率的基础上，为各部门的决策制定提供有价值的参考依据。

二、我国智慧旅游城市建设的基本状况

（一）智慧旅游服务中心逐步健全，但基础辅助设施落后

当前，我国智慧旅游城市的公共服务中心逐步健全，逐渐形成规范有序的旅游环境。但整体来说，智慧旅游服务中心的基础服务设施较为落后。例如，我国智慧旅游城市的服务中心在分辨率高的音视频采集设备、摄像机编码技术、网络声视频压缩技术等方面表现有待提升。此外，对区域内大气数据以及污染物排放情况的实时跟踪也需要优化。当前，我国在建设智慧旅游城市过程中，由于个别服务中心缺乏基础辅助设施，区域内仍存在一些问题，影响了游客的感知体验，这些都不利于智慧旅游城市建设。

（二）智慧旅游应用软件使用率高，但同质化现象严重

目前，我国智慧旅游城市的试点工作已经开展，借助大数据等技术逐步引入旅游应用软件的使用率都较高。但在地区追逐经济效益的同时，智慧旅游软件的同质化现象较为严重，许多旅游电子商务应用软件都是从查询、预订、购票、支付方面进行的，而对试点景区的旅游介绍功能的设置较少。很多传统旅行社并没有引入更先进的VR、AR等技术，关于本景区的历史文化背景、故事的介绍也比较简单，大部分应用软件同质化现象比较严重。

（三）各地区智慧旅游信息化技术应用水平存在差异

随着信息化进程的逐步加快，智能旅游逐步引入了信息化技术，并取得了较好的发展，但我国各地区对智慧旅游信息化技术的应用水平存在明显差异。国家旅游地理网信息显示，云南旅游发展委员会与腾讯公司联合打造了云南省"智慧旅游平台"，实现了"一部手机游云南"，全面解决了游客在云南游前、游中与游后的各项需求，打造形成了全省便利、健康与智慧的旅游生态项目，助力全国智慧旅游的发展。

（四）智慧旅游城市网络支付安全保障急需提升

目前，我国智慧旅游城市试点已经对接多元化的支付方式。各地城市景区在售票处、商业点等处全面普及微信、支付宝的刷码支付，游客用上述电子刷码支付方式成为主流。然而，我国智慧旅游城市电子商务平台依然面临严峻的网络安全问题，具体表现为支付安全与网络欺诈问题。在支付方面，我国智慧旅游城市试点地区电子商务平台支付渠道对接较为混乱，缺乏第三方支付牌照的软件被引入景区支付渠道，由此引发资金被第三方套取；并且有部分景区采用的电子商务平台支付系统存有漏洞，资金被盗现象较为严重。因此，我国智慧旅游城市支付方式呈多元化发展的同时，其网络安全保障还需要进一步提升。

三、智慧旅游城市建设的关键要素

一、相关部门的支持

智慧旅游城市的建设离不开相关部门的支持，相关部门在其中起着引导和保障的作用。相关部门的支持是智慧旅游城市建设成功的关键，如果没有相关部门在其中的主要的引导作用，那么智慧旅游城市的建设只能是纸上谈兵，无法落到实处，更不可能取得突破性的成果。

（一）财政保障

智慧旅游城市的建设是一个涉及面广，牵扯行业众多，对一个城市的各个方面都有影响的项目。因此，智慧旅游城市的建设必然需要大量的资金支持，而政府作为建设项目的引导人，财政保障是必不可少的关键因素。有了资金支持，智慧旅游项目才能得以落到实处，资金就像是智慧旅游城市中流动的血液，使它充满生机和活力。

（二）规章制度的制定

就像一个庞大的企业需要条理分明的规章制度一样，智慧旅游城市的建设也需要清晰明确的规章制度。没有规矩不成方圆，智慧旅游城市的建设必须拟定一定的规章制度，来保证计划的顺利实施，同时，明确的规章制度在智慧旅游城市建成后也能够起到保障整个项目顺利运行的作用。建立一个有利于发挥信息化重要作用、分工合理、责任明确的智慧旅游体制，可以使智慧旅游城市的建设更加有效。

二、市场环境

（一）市场需求

随着信息化时代的到来，信息技术在人们日常生活中的应用也越来越广泛，智能手机使得人们能够更快、更方便地了解到最新的信息。由此，人们的日常生活中就更加离不开手机了，很多年轻人甚至把智能手机当成一台移动的便携式电脑,在手机上就可以完成很多事情。当然,旅游过程中也不例外。当游客到达一个陌生的城市的时候,总是希望通过最快、最便捷的途径来了解有关这个城市的各种信息,方便自己在这个城市的游览观光。智慧旅游城市的理念与游客的需求不谋而合,可想而知,智慧旅游城市是有着非常好的发展前景的。

(二) 游客的接受度

智慧旅游是一个依托于手机终端,实现游客与旅游相关信息实时联系的一个理念。这个理念在国内还属于一个比较新的领域,人们对它的了解并不是很多,加上它所需要运用的高新科技也比较多,因此智慧旅游对许多人来说仍然只是一个概念。因此,智慧旅游城市的建设想要取得成功,就必须考虑到游客的接受程度,应该尽可能地将平台的界面和操作简洁化,使游客可以迅速地掌握操作方法,进行智慧旅游的体验。

(三) 互联网经济时代的到来

如今,整个市场的大环境都在昭示着互联网经济时代的到来,确切来说,是电子商务时代的到来。人们足不出户就可以买到自己需要的任何东西,了解到全球各地的新闻信息。互联网已经成为人们生活中必不可少的一部分,智慧旅游依托于此也是大势所趋。将所有与旅游相关的信息都纳入智慧旅游城市建设的网络中,游客可以根据智慧旅游的平台,轻松解决旅游过程中所遇到的吃、住、行、游、娱、购等问题。

(四) 智慧营销模式

"市场营销"对于如今的时代不算是一个新词,但是随着时代的发展,科技的进步,市场营销的手段也随之发生着变化。在智慧旅游城市的建设中，适当的营销能够帮助游客更好地了解智慧旅游城市的内涵和使用方法。因此，在智慧旅游城市建设体系中，智慧的营销模式也是十分重要的一环。营销人员可以通过网站或者软件的编辑将广告植入智慧旅游城市的界面中。采用对话或者动画的形式，迅速抓住游客的注意力，将智慧旅游城市作为一种产品，向游客们进行展示和讲解。

三、运营模式

智慧旅游城市的核心是旅游信息化，因此，在进行智慧旅游城市的建设过程中，提升旅游城市的信息化水平是其核心内涵。目前主要有五种模式可供参考：相关部门独自投资；相关部门投资引导；相关部门与旅游企业联合投资；相关部门与旅游信息化企业联合投资；企业独自投资。面对越来越多的旅游产品，越来越高的需求水准和越来越激烈的市场竞争，要想把旅游产业做强，使旅游产业快速健康发展，就必须要依靠现代科技的力量，采用一种低成本、高效率的联合服务模式，用网络把涉及旅游的各个要素联系起来。智慧旅游城市建设，应将重点突出为游客提供更便捷、智能化的旅游体验；为管理提供更高效、智能化的信息平台；促进旅游资源活化为旅游产品、放大资源效益这三大核心目标，采用"政府主导、多方参与、市场化运作"的运作模式，联合社会各方优势资源共同推进"智慧旅游"建设，这也顺应了现代旅游业发展的要求和趋势。

此外，智慧旅游城市的建设离不开技术和人才资源，由于前面章节已有相关介绍，不再赘述。

第三节 智慧旅游城市发展措施

一、构建旅游城市信息服务和管理平台

构建一体化的旅游信息服务和管理平台是智慧旅游城市建设的基础，鉴于移动互联网在旅游大数据采集和满足游客消费、信息查询、娱乐等需求方面的重要性，相关部门应与当地移动通信运营商、信息技术企业就旅游信息服务和管理平台的搭建展开合作。系统架构设计原则上要由前端基础信息服务平台、数据管理中心、后台管理系统构成，面向公众、旅游企业和相关监管部门提供信息查询和大数据分析服务，并且能够动态监测各景点和主要商业区客流变化，实时发布、及时更新旅游产品和服务的相关信息。由于涉及游客个人和旅游服务业企业信息的采集、传输和存储，为了保障信息安全，平台的运行应有专职部门和专业技术人员负责管理，及时升级网络安全防护系统。

二、逐步完善智慧旅游城市的基础设施

如今，大部分游客习惯通过智能手机等移动终端设备对旅游相关事务进行查询或获取服务，如预订景区门票、选择交通工具、预订酒店，完成各类交易，进行信息交换以及传递等。为满足游客查询信息以及预订服务的需求，智慧旅游城市需要重视完善各景区、酒店、交通工具运营商等服务业运营的信息化基础设施，确保移动通信质量，配置完善的智能化设备，更好地为游客提供出行线路导览、预约等智能化服务。

三、加大高端技术以及管理人才的培养力度

高端复合型人才是推进智慧旅游城市建设以及发展的关键。大数据时代背景下，城市旅游相关数据信息呈爆炸式增长，要应用好海量数据，不仅需要完善相应的基础设备，更需要高端技术人才，为此必须加强人才的培养力度。建议从这些方面入手：第一，当地政府与地方高校、旅游行业协会等组织机构加强沟通与合作，结合实际用人需求，有针对地开展岗位培训，或是由学校增设相关专业项目，开展定向培养，为智慧旅游城市建设提供高端技术以及管理等方面的人才；第二，合理采用政策推进复合型高端人才的流动，汇聚更多擅长策划与开发旅游产品、精通旅游产品营销的人才，为推进智慧旅游城市建设奠定坚实的人才基础。

四、加强政府主导，促进多方协同共建

智慧旅游城市建设涉及范围较广，需要结合建设需求来优化产业链、完善公共服务软硬件设施、开发与整合旅游资源等，并为此投入足够的人力、物力以及财力。因此，需要由政府牵头主导，制定科学、合理的发展战略方针，完善相关法律法规，加强政策宣传，让城市与旅游有关的组织机构全面参与建设。同时，促使各运营主体以及相关部门对资源进行整合，达到资源优势互补、合作共赢的目标，满足游客的个性化需求，提升游客的体验。

在大数据时代背景下，游客对城市以及周边旅游提出了更高要求，促使城市旅游产业进行全面变革。因此，应抓住时代机遇，推进智慧旅游城市建设，构建并完善旅游信息服务与管理平台，逐步完善智慧旅游

城市的基础设施，加大高端技术以及管理人才的培养力度，加强政府主导，促进多方协同共建，深入挖掘地方经济的增长点，推动区域旅游经济实现可持续发展。

参考文献

[1] 李丽红.虚拟现实技术在教育领域中的应用及其效果评价研究[M].北京:旅游教育出版社,2015.

[2] 田景熙.物联网概论[M].南京:东南大学出版社,2012.

[3] 马海龙,杨建莉.智慧旅游[M].银川:宁夏人民教育出版社,2017.

[4] 杨彦锋,曾安明,伍兴红,等.智慧旅游产业数字化的理论与实践[M].北京:中国旅游出版社,2022.

[5] 陈薇.大数据时代智慧旅游管理与服务[M].北京:中华工商联合出版社,2021.

[6] 牛伟,杨燕芬,于艳杰.智慧旅游建设体系及发展路径研究[M].长春:吉林人民出版社,2021.

[7] 吴国清,申军波,冷少妃.智慧旅游发展与管理[M].上海:上海人民出版社,2017.